£1·95

R D WELTON
WYNCH HOUSE
ASHTON UNDER HILL
WORCS

# DEWI SANT
# SAINT DAVID

3613

?L. W!

Eglwys Gadeiriol Tyddewi
St. David's Cathedral

*Llun/Painting: Ethel R. Payne*

E. G. Bowen

# DEWI SANT
# SAINT DAVID

GWASG PRIFYSGOL CYMRU
UNIVERSITY OF WALES PRESS
1983

© PRIFYSGOL CYMRU, 1983
UNIVERSITY OF WALES, 1983


**Manylion Catalogio Cyhoeddi y Llyfrgell Brydeinig
British Library Cataloguing in Publication Data**

Bowen, E. G.
   Dewi Sant (*St. David*) —
   (St. David's Day bilingual series    Welsh/English)
   1. David *Saint*
   2. Christian saints – Wales – Biography
   I. Title    II. Series
   270.2'092'4     BX4700.D3

ISBN 0–7083–0839–2

Cynlluniwyd y clawr gan Dragonfly Design, Caerdydd, ar sail y cerflun o Ddewi Sant a welir yn Eglwys y Plwyf, Llanddewibrefi.

Cover design by Dragonfly Design, Cardiff, based on the statue of St. David located in the Parish Church, Llanddewibrefi.

ARGRAFFWYR CSP, CAERDYDD
CSP PRINTING OF CARDIFF

# RHAGAIR

Cyhoeddwyd cryn nifer o lyfrau ac erthyglau am Ddewi Sant, yn enwedig yn y cyfnod diweddar, a gwyddom heddiw lawer iawn mwy na'n cyndeidiau am ei gyfnod a'i fywyd. Y rheswm am hyn yw'r cynnydd sylweddol a fu yn ein gwybodaeth mewn nifer o feysydd sy'n taflu goleuni'n arbennig ar y cyfnod a alwai'r genhedlaeth hŷn o haneswyr yn Oesoedd Tywyll – y cyfnod y trigai Dewi Sant ynddo. Yn y lle cyntaf cymerwyd camau breision ym myd astudiaethau Celtaidd gan alluogi ysgolheigion i ail-archwilio'n feirniadol y llawysgrifau gwreiddiol Lladin, Cymraeg a Gwyddeleg sy'n sôn am Ddewi Sant, tra bod astudiaethau eraill sy'n tynnu ar feysydd mor amrywiol â diwylliant gwerin ac archaeoleg, proto-hanes a hanes, a daearyddiaeth hanesyddol wedi taflu goleuni newydd ar hanes bywyd y Sant. Y mae felly'n briodol fod y gyfrol hon yn y Gyfres Gŵyl Dewi a sefydlwyd gan Wasg Prifysgol Cymru yn cyflwyno hanes ein Nawddsant o safbwynt modern, gan wneud y defnydd llawnaf o astudiaethau cyd-ddisgyblaethol.

Yr wyf yn ddyledus, yn naturiol, i'r sawl a ysgrifennodd eisoes ar ein Nawddsant, yn enwedig y rhai hynny a ymgymerodd ag astudiaethau helaeth ym meysydd hanes a llên Cymru. Rhestrir y ffynonellau pwysicaf yr wyf yn ddyledus iddynt yn y Llyfryddiaeth. Yr wyf yn arbennig o ddiolchgar i Miss Ethel R. Payne, M.Sc., gynt o Adran Addysg Prifysgol Birmingham, nid yn unig am ei chaniatâd i atgynhyrchu ei llun o Eglwys Gadeiriol Tyddewi, sef yr wynebddarlun, ond hefyd am ei chymorth gyda'r proflenni Saesneg. Mae arnaf ddyled hefyd i'r Athro Emeritws J. E. Caerwyn Williams, Athro'r Wyddeleg gynt yng Ngholeg Prifysgol Cymru, Aberystwyth, am ei gymorth gyda materion llenyddol, ac i'r Athro Charles Thomas o'r Sefydliad Astudiaethau Cernywaidd, Prifysgol Exeter, am ei gyfraniadau yn y maes archaeolegol. Yr wyf yn ddiolchgar i Mr. Richard Morgan Loomis a'i gyhoeddwyr, Medieval and Renaissance Texts and Studies, Efrog Newydd, am ganiatâd i ddefnyddio cyfieithiad o'r gyfrol *Dafydd ap Gwilym: The Poems.* Yr wyf hefyd yn hynod ddyledus i Mr. T. J. Rhys Jones, M.A., am gyfieithu'r testun gwreiddiol i'r Gymraeg mewn modd mor ddeheuig, ac i Mr. John Rhys, M.A., Cyfarwyddwr Gwasg Prifysgol Cymru, a'i gyd-weithiwr Mr. Alun Treharne, B.A., am eu gwaith yn llywio'r gyfrol trwy'r Wasg.

*Coleg Prifysgol Cymru, Aberystwyth*        E. G. BOWEN

# PREFACE

There have been many books and articles about Dewi Sant, especially in modern times, and we know today very much more about his life and times than our parents did. This is due to the fact that there has been a considerable increase in our knowledge of many subjects that throw light particularly on the period of history which the older historians called the Dark Ages – the period in which St. David lived. First of all there are the great advances in Celtic scholarship allowing scholars to re-examine critically the original manuscripts in Latin, Welsh and Irish that tell us of Dewi Sant, while other studies involving disciplines as varied as folklore and archaeology, proto-history and history, and historical-geography have thrown new light on the life story of the Saint. It is therefore appropriate that this booklet in the St. David's Day series initiated by the University of Wales Press should now present the story of our National Saint from a modern point of view, making the fullest use of inter-disciplinary studies.

Naturally, I am deeply indebted to those who have written previously on our Patron Saint, more particularly those who have made extensive studies in Welsh history and literature. The more important sources to which I am indebted are listed in the Bibliography. My special thanks are due to Miss Ethel R. Payne, M.Sc., formerly of the Department of Education, University of Birmingham, not only for permission to reproduce her painting of St. David's Cathedral, which is used for the frontispiece, but also for help with the English proofs; also to Professor Emeritus J. E. Caerwyn Williams, formerly Professor of Irish at the University College of Wales, Aberystwyth, for assistance with literary matters, and Professor Charles Thomas of the Institute of Cornish Studies, University of Exeter, for his contributions in the archaeological field. I am grateful to Mr. Richard Morgan Loomis and his publishers, Medieval and Renaissance Texts and Studies, New York, for permission to use a translation from the volume *Dafydd ap Gwilym: the Poems*. I am also deeply indebted to Mr. T. J. Rhys Jones, M.A., for so ably translating the original text into Welsh, and to Mr. John Rhys, M.A., Director of the University of Wales Press, and his colleague Mr. Alun Treharne, B.A., for the way in which they have seen the book through the Press.

*University College of Wales, Aberystwyth*                    E. G. BOWEN

# Dewi Sant

## I CYNEFIN

Llyfr yw hwn am Ddewi Sant, un o seintiau enwog y Celtiaid a Nawdd Sant Cymru, a oedd yn byw yn y chweched ganrif. Er gwaethaf ei fri, a'r traddodiadau cyfoethog amdano a rheiny'n ogoneddus hen, mae'n anodd llunio cofiant teilwng iddo fel y gwnaed i nifer o Gymry enwog y canrifoedd yn y gyfres hon. Gresyn hyn, oherwydd Dewi, ar lawer ystyr, yw noddwr y gyfres hon o lyfrynnau a gyhoeddir er coffa amdano bob Gŵyl Dewi.

Y rheswm am hyn yw bod y defnyddiau sylfaenol cynharaf y gellir seilio hanes ei fywyd arnynt yn brin, ac mae'r hyn sy'n aros yn gwbl anfoddhaol o safbwynt yr hanesydd modern.

Unig ffynhonnell ein gwybodaeth am Ddewi Sant yw cofiant Lladin Rhigyfarch iddo, y *Vita Davidis* a ysgrifennwyd mewn mynachlog Geltaidd yn Llanbadarn Fawr yng Ngheredigion tua'r flwyddyn 1095 — lawn bum can mlynedd yn ddiweddarach na'r cyfnod y tybir i Ddewi fyw ynddo. Mae'n wir fod yna hanesion cynnar eraill am Ddewi Sant. Y mwyaf diddorol o'r rhain yw *Bywyd Dewi* gan Gerallt Gymro (Giraldus Cambrensis 1147–1223) a *Buchedd Dewi* a gopïwyd yn 1346 gan ancr (neu feudwy) Llanddewibrefi yng nghanol Ceredigion. Ail-wampio gwaith Rhigyfarch a wnaeth Gerallt a thalfyriad o waith Rhigyfarch naill ai o'r gwreiddiol neu drefniant ohono yw llawysgrif yr ancr. O safbwynt yr hanesydd nid yw'r naill fersiwn na'r llall yn dweud dim newydd.

# Saint David

## I HOMELAND

This book is about Dewi Sant (St. David), a famous Celtic Saint and the Patron Saint of Wales who lived in the sixth century. We feel, however, that in spite of his eminence and the wealth of tradition concerning him which is grounded in a rich antiquity, it is difficult to write a satisfactory biographical account of him as has been done for so many other distinguished Welshmen throughout the ages in this series. This is particularly unfortunate as Dewi Sant is in many ways the patron of this series of booklets published in his honour every St. David's Day.

The reason for this is that the primary source material on which an account of his life could be based is limited, and such as exists is entirely unsatisfactory from the point of view of the modern historian. All we know about St. David comes from a single source, namely Rhigyfarch's *Vita Davidis* which was written in a Celtic monastery at Llanbadarn Fawr in Ceredigion about the year 1095 — that is fully 500 years after the Saint is supposed to have lived. It is true, however, that there are other early accounts of Dewi Sant, the most interesting of which are *The Life of St. David* by Giraldus Cambrensis (1147–1223), and the *Life of St. David* copied in 1346 by the anchorite (or hermit) of Llanddewibrefi in mid-Cardiganshire. Giraldus's work is merely a recension or revision of Rhigyfarch's and likewise the anchorite's manuscript is an abridgement of that of Rhigyfarch translated into Welsh, either from the original or from some recension of it. These abridgements and recensions tell us nothing new from the historical point of view.

Cyn i ni edrych yn feirniadol ar stori Rhigyfarch, byddai'n dda i ni daflu cipolwg brysiog ar rai o'r cyfeiriadau cynharaf at Ddewi cyn i Rigyfarch ysgrifennu ei waith. Daw tri ohonynt o Iwerddon; fe gredir mai'r cynharaf yw'r cyfeiriad ato yn y rhestr enwog *Catalog Seintiau Iwerddon*. Tybid i'r rhestr hon gael ei chasglu ynghyd tua O.C. 730, ond tuedda ymchwilwyr diweddar i briodoli dyddiad diweddarach iddo — yn y nawfed ganrif neu hyd yn oed yn gynnar yn y ddegfed. Ynddi fe ddywedir wrthym i fynaich Gwyddelig gael ffurfwasanaeth oddi wrth y seintiau o Gymru — Dewi, Gildas a Dochau (Docas). Tua'r un cyfnod ceir cyfeiriad at 'David Cille Muni' o dan Fawrth y cyntaf yn *Gwyliadur Oengus y Culdee*. Mae trydydd casgliad Gwyddelig *Gwyliadur Tallaght* yn rhestru Dydd Gŵyl Dewi o dan Fawrth y cyntaf. Fe gredir bod y gwaith hwn yn perthyn i ganol yr wythfed ganrif. Daw cyfeiriad arall cynnar at Ddewi oddi wrth fynach Llydewig o'r enw Gourmonoc yn Abaty Landévennec yn Llydaw, a ysgrifennodd Fuchedd Paul o Léon yn O.C. 884. Yn y gwaith hwn fe geir nifer o gyfeiriadau at Gymru a'r Seintiau Cymraeg. Dywed Gourmonoc, er enghraifft, fod Dewi yn ddisgybl i Sant Illtud yn Llanilltud Fawr, ond mae amheuaeth ynglŷn â hyn erbyn heddiw. Pwysicach yw'r cyfeiriad yn y gwaith hwn at gyfenwi Dewi yn 'Aquaticus' ('Dyfrwr') am ei fod yn byw yn gyfan gwbl ar fara a llysiau a dŵr.

Digwydd cyfeiriadau (cyn dyddiau Rhigyfarch) at Ddewi yng Nghymru a Lloegr fel ei gilydd. Yn Lloegr y mae cwlt Dewi yn ymddangos yn Wessex mor gynnar a'r unfed ganrif ar ddeg o leiaf ac mae'n bur debyg cyn hynny. Fe gofnodir ei enw yng Nghalendrau Seisnig y rhanbarth hwn yn ystod y cyfnod yma a hynny fel arfer yn ei ffurf Gymraeg — Dewi. Fe ellir priodoli hyn a holl gwlt Dewi yn Wessex i Asser, athro ac awdur cofiant i'r brenin Alfred Fawr a orffenwyd yn O.C. 893. Yn ei ysgrifeniadau, dywed Asser iddo gael ei alw gan y brenin Alfred o 'derfynau eithaf Cymru' ac iddo ymateb a chael ei wneud yn Esgob Sherborne. Mae Asser yn sôn am fynachlog a *parochia* Dewi Sant — mae hyn yn golygu'r eglwys a oedd ar safle'r eglwys gadeiriol bresennol a chwlt y Sant — a dywed fod perthynas iddo yn 'esgob' Tyddewi, fel y gallasai Asser yntau fod. Fe geir y cyfeiriad pwysicaf at Ddewi yn Gymraeg cyn amser Rhigyfarch mewn cerdd a elwir 'Arymes Prydein Vawr' a welir yn *Llyfr Taliesin*. Mae'r gerdd yn

Before we examine Rhigyfarch's story we should glance briefly at some of the earliest references to Dewi which are known to have been made before Rhigyfarch's work was written. Three come from Ireland; the earliest is thought to be the reference in the famous *Catalogue of the Saints of Ireland*. It was once thought that this catalogue was compiled about A.D. 730 but modern research is inclined to give it a later date in the ninth or even the early tenth century. In it we are told that Irish monks received an Order of Service from SS. Dewi, Gildas and Docas of Wales. Belonging to much the same period is the reference to 'David Cille Muni' under March 1st in the Irish *Martyrology of Oengus the Culdee*. A third Irish work, *The Martyrology of Tallaght*, notes St. David's Feast Day under March 1st. This work is thought to date from the middle of the eighth century. Another early reference comes from a Breton monk named Wrmonoc (Gourmonoc) in the Abbey of Landévennec in Brittany who wrote a Life of St. Paul de Léon in 884. In this work there are several references to Wales and the Welsh Saints. Wrmonoc, for example, tells us that David was a pupil of St. Illtud at Llantwit Major, but this is now considered doubtful. More important is the reference in this work to David being nicknamed 'Aquaticus' ('Dyfrwr') because he lived on bread, vegetables and water alone.

There are other early (pre-Rhigyfarch) references to Dewi in both England and Wales. In England, the cult of Dewi appears in Wessex as early, at least, as the eleventh century and possibly before this. His name is recorded in the English Calendars of this region at this time, usually in the Welsh form of his name — Dewi. This and the whole cult of the Saint in Wessex can be attributed to Asser, the tutor of, and author of the Life of King Alfred the Great, which was finished in 893. In his writings Asser says he was called by King Alfred from 'the westernmost parts of Wales' and he responded and was made Bishop of Sherborne. Asser refers to the monastery and *parochia* of Holy Dewi — this means the church on the site of the present Cathedral and the sphere of influence of the Saint — and tells us that a relative of his was a 'bishop' at St. David's, and Asser himself might have been so as well. The most important Welsh reference to David in pre-Rhigyfarch times occurs in a famous poem called 'Arymes Prydein Vawr' found in

sôn am gynghrair rhwng y Cymry, Daniaid Dulyn, y Gwyddyl a
gwŷr Cernyw, Llydaw a Strathclud, i uno yn erbyn y gormeswyr o
Saeson. Mae'r bardd yn ceisio eu huno oll dan faner Dewi: 'a
lluman glan dewi a dyrchafant' (codant faner sanctaidd Dewi i
fyny), ac yn proffwydo goruchafiaeth derfynol iddynt. Mae'n
amlwg fod y gerdd hon, sy'n portreadu Dewi fel Sant
milwriaethus, yn perthyn i'r cyfnod pan oedd y brenin Seisnig
Athelstan yn ymgyrchu'n rymus tua'r gorllewin i mewn i dde-
ddwyrain Cymru.

Mae'r holl gyfeiriadau cynnar at Ddewi Sant yn bwysig am eu
bod yn dangos ei fod ef, yn wir, yn berson real iawn cyn i Rigyfarch
ysgrifennu amdano, ond yn awr fe'u teflir i'r cysgod gan gyfeiriad
pwysig sydd bron yn sicr o fod yn un cyfoes. Fe'i ceir ar arysgrif ar
garreg yn Llanddewibrefi yng Ngheredigion. Mae hanes hynod
braidd i'r stori hon. Fe'i darganfuwyd gyntaf gan yr hynafieithydd
enwog o Gymro Edward Lhuyd yn 1693, wrth iddo deithio drwy
Dde Cymru yn casglu defynyddiau tuag at ei gyfraniad i argraffiad
yr Esgob Gibson o _Britannia_ gan William Camden. Uwchben
drws cangell yr eglwys canfu garreg ag arysgrif arni, a gwnaeth
gofnod ohoni gan ychwanegu iddo sylwi fod y saer maen a osododd
y garreg yn y wal uwchben y drws wedi gorchuddio ei bôn, a'i fod
yn credu y gellid datguddio'r arysgrif gyflawn pe symudid rhan o'r
gwaith maen. Tuag 1701 daeth yn ei ôl i Landdewibrefi, a symud
darn o'r wal a datguddio'r arysgrif i gyd. Mewn llythyr at yr Esgob
Humphrey Humphreys o Fangor tua'r adeg honno fe ddywed
Lhuyd ei fod yn amgáu rhai nodiadau ar ychydig arysgrifau er
mwyn i'r Esgob eu hanfon ymlaen at ei frawd yr Esgob William
Lloyd o Gaerlwytgoed (Lichfield). Mae copi o'r llythyr hwn wedi
ei ddarganfod ymhlith papurau teuluol Owen a Stanley o Benrhos,
Caergybi, sy'n awr ar adnau yn Llyfrgell Coleg Prifysgol Gogledd
Cymru, Bangor. Dyma'r arysgrif lawn:

> HIC IACET IDNERT FILIVS IACOBI
> QVI OCCISVS FVIT PROPTER PREDAM
> SANCTI DAVVID

Ei hysytyr yn fras yw: 'Yma y gorwedd Idnerth fab Iago a laddwyd
wrth iddo amddiffyn eglwys Dewi sanctaidd rhag cael ei
hysbeilio'.

the Book of Taliesin. The poem refers to an agreement between the Welsh, the Danes of Dublin, the Irish, and the men of Cornwall, Brittany and Strathclyde to unite against the English oppressor. The poet seeks to rally them all under the banner of Dewi: 'a lluman glan dewi a dyrchafant' ('and they will uplift the holy banner of David'), and foretells their ultimate victory. It is clear that this poem portraying David as a soldier-saint belongs to the period when the English King Athelstan was vigorously exerting his power westwards into south-eastern Wales.

All early references to the Saint are important in showing that he was, indeed, a very real person before Rhigyfarch wrote, but they are now eclipsed in importance by what is almost certainly an important contemporary reference. This is an Early Christian inscribed stone at Llanddewibrefi in Ceredigion. This stone has a somewhat peculiar history. It was first discovered by the famous Welsh antiquary Edward Lhuyd in 1693 when travelling through South Wales, gathering material for his contribution to Bishop Gibson's edition of William Camden's *Britannia*. He observed a stone with an inscription cut on it above the chancel door in Llanddewibrefi church and made a note of it, adding that he noticed that the mason who had set the stone in the wall above the chancel door had covered over the end of it, and that he thought that if some of the stone work was removed the whole inscription would be revealed. About 1701 he returned again to Llanddewibrefi and removed a portion of the walling and so revealed the complete wording. In a letter to Bishop Humphrey Humphreys of Bangor about this time Lhuyd says that he was enclosing some notes on a few inscriptions for the Bishop to pass on to his brother-bishop William Lloyd of Lichfield. A copy of this letter has been found among the family papers of Owen and Stanley of Penrhos, Holyhead, now deposited in the Library of the University College of North Wales, Bangor. The full inscription reads:

HIC IACET IDNERT FILIVS IACOBI
QVI OCCISVS FVIT PROPTER PREDAM
SANCTI DAVVID

its overall meaning being: 'Here lies Idnerth, son of Jacob, who was killed while defending the church of the holy David from despoliation'.

Hanes anffodus iawn a fu i'r garreg hon wedyn. Cafodd ei malu pan adnewyddwyd yr eglwys yn saithdegau'r ganrif ddiwethaf. Gwthiwyd dau o'r darnau i fur gorllewinol yr eglwys ar yr ochr ogleddol fel na ellir yn awr ddarllen yr arysgrif yn ei chyfanrwydd. Yn y pen draw felly rhaid i ni ddibynnu ar eirwiredd a gallu Edward Lhuyd (ac fe ellir yn sicr ymddiried ynddynt) er mwyn i ni werthfawrogi'n llawn beth yw arwyddocâd yr arysgrif hon fel cofnod am Ddewi Sant. Mae'r arbenigwyr ar arysgrifau Cristnogol cynnar yn unfryd bod arddull yr arysgrif hon yn perthyn i flynyddoedd cynnar y seithfed ganrif. Mae hyn lawn ddwy ganrif neu fwy yn gynharach na'r dyddiad a briodolir yn awr i *Gatalog Seintiau Iwerddon,* catalog y credwyd mai ynddo y caed y cyfeiriad cynharaf at Ddewi; ac ni all yr arysgrif fod yn fwy nag ychydig ddegau o flynyddoedd ar ôl marw'r Sant ei hun, neu fe all fod hyd yn oed yn gyfoes â'i hen ddyddiau. Mae'r ffaith fod ei enw gennym ar arysgrif ar garreg gyfoes bron yn Llanddewibrefi o'r pwys pennaf.

Fe allwn yn awr droi i ystyried *Buchedd Dewi* Rhigyfarch, a sut y dylem edrych arno. Yn gyntaf, trown at Rigyfarch ei hun. Ef oedd yr hynaf o bedwar mab Sulien (Sulgen) Ddoeth a sefydlodd ysgol enwog i fynaich yn Llanbadarn Fawr, sy'n enwog am ei chyfraniadau llenyddol yn yr Oesoedd Canol cynnar. Bu Sulien yn Esgob Tyddewi ddwywaith — rhwng 1073 a 1078 ac eto rhwng 1080 a 1085. Yn ystod ei ail dymor fel Esgob Tyddewi estynnodd groeso yno i ddau o'r tywysogion mwyaf grymus drwy Gymru benbaladr, sef Gruffydd ap Cynan a Rhys ap Tewdwr. Tra oedd y Tywysogion Cymreig yn Nhyddewi bu'n rhaid i Sulien (ynghyd â Rhigyfarch) groesawu gŵr mwy enwog na hwythau sef Gwilym y Gorchfygwr. Rhywbeth i ryfeddu ato oedd ymddangosiad y gŵr hwnnw yn y fangre bellenig honno ar ymylon gorllewinol Cymru, yng nghwmni llond dwrn o farchogion ac ar adeg mor fuan ar ôl Brwydr Hastings.

Mae ysgolheigion modern, yn enwedig y ddiweddar Mrs. Nora Chadwick, o'r farn nad adroddiad hanesyddol syml o fywyd Dewi Sant mo'r *Fuchedd* gan Rigyfarch — mai dogfen yn cynnwys propaganda politicaidd-eglwysig ydyw, yn ceisio cynnal a hyrwyddo buddiannau'r hen 'Eglwys'Geltaidd yn erbyn gallu a

The subsequent history of this stone has been most unfortunate: it was ultimately broken into fragments during a restoration of the church in the 1870s. Two of the fragments were incorporated into the west wall of the church on the north side so that now no one can read the inscription as a whole. In the end, therefore, we are dependent on Edward Lhuyd's skill and veracity (and these are never in doubt) for making it possible for us to appreciate the full significance of this monument as a record of St. David. The experts on the epigraphy of Early Christian inscribed stones are unanimous that the style of writing belongs to the early seventh century. This is fully two hundred years or more earlier than the date now assigned to the *Catalogue of the Saints of Ireland* which was previously thought to contain the earliest reference to St. David, and it cannot be more than a few decades later than the death of the Saint himself, or possibly, even contemporary with his old age. The fact that we have his name inscribed in this way on a near contemporary stone memorial at Llanddewibrefi is, indeed, of the greatest significance.

We can now turn to consider Rhigyfarch's *Life of David* and how we should approach it. First of all, we should turn to Rhigyfarch himself. He was the eldest of the four sons of Sulien (Sulgen) the Wise who founded the famous monastic school at Llanbadarn Fawr, which is so well known for its literary contributions in the early Middle Ages. Sulien was twice Bishop of St. David's, between 1073 and 1078 and again between 1080 and 1085. During his second term of office he welcomed there two of the most powerful Princes in the whole of Wales, Gruffydd ap Cynan and Rhys ap Tewdwr. While the Welsh Princes were at St. David's, Sulien (together with Rhigyfarch) had to welcome an even more distinguished visitor in the person of William the Conqueror whose presence in 1081 at this remote spot on our western shores, accompanied only by a handful of armed knights, at a time so soon after Hastings, was, indeed, remarkable.

Modern scholars, particularly the late Mrs. Nora Chadwick, are of the opinion that Rhigyfarch's *Life of David* is not a simple historical account of the life of the Saint, but that it is a document containing contemporary political-ecclesiastical propaganda attempting to uphold, and to further, the interests of the old Celtic

thwf cynyddol Rhufain. Mae Mrs. Chadwick o'r farn fod a fynno Sulien lawer â'r cyfarfod rhwng y Gorchfygwr â'r ddau dywysog Cymreig yn Nhyddewi. Mae hi'n awgrymu felly y byddai tua 1081 yn bosibl fel dyddiad cyfansoddi'r *Vita* bwysig hon gan y byddai'n sicr bron fod Ysgol Llanbadarn yn dymuno manteisio ar bresenoldeb Gwilym yn Nhyddewi nid yn unig i gyflwyno iddo achos yr Eglwys Geltaidd, a Dewi Sant yn enwedig, ond i gadarnhau hynny â *Buchedd* y Sant yr un pryd.

Boed hynny fel y bo, rhaid i ni edrych yn fanwl ar hanes bywyd Dewi fel yr ysgrifennwyd ef gan Rigyfarch. Mae hyn yn bwysig am nifer o resymau; nid y lleiaf o'r rhain yw bod y *Vita* yn cael ei hystyried yn rhagrhedegydd cynifer o'r Bucheddau a ysgrifennwyd i'r Saint Celtaidd yn ddiweddarach. 'Roedd ganddynt lawer o nodweddion arbennig yn gyffredin rhyngddynt; yn wir, fe'u hysgrifennwyd ar batrwm gosod. Fe aeth testun gwreiddiol y *Vita Davidis* ar goll ond y mae copi cynnar wedi ei ddyddio tua 1200 yn yr Amgueddfa Brydeinig. Mae'n cynnwys manylion helaeth, er iddo gael ei ysgrifennu tua phum can mlynedd ar ôl oes Dewi. Mae'r manylion yn cynnwys cyfoeth o hanesion am weithredoedd y Sant a'i wyrthiau, a hyn yn amlwg yn dilyn patrwm gosod holl Fucheddau Saint yr Oesoedd Canol. Er enghraifft, rhaid i'r Sant ddod o dras frenhinol a llinach o fri. Rhaid cysylltu ei enedigaeth wrth ryw ddigwyddiad gwyrthiol. Rhaid ei ddanfon at athro adnabyddus ac enwog i'w addysgu. Rhaid bod angel yn ei warchod beunydd i ddweud wrtho beth i'w wneud nesaf a ble i fynd. Rhaid i'r Sant fedru cyflawni gwyrthiau (megis y stori am Ddewi yn rhoi caniatâd i Sant Barre i farchogaeth ei geffyl pan oedd yn awyddus i ddychwelyd i Iwerddon ar frys. Mae'r ceffyl, sy'n berchen ar alluoedd gwyrthiol Dewi, yn cyrchu'r môr ac 'yn ymwthio i ymchwydd yr eigion mal petai dir âr gwastad', ac mae'r Sant yn cyrraedd pen ei daith yn ddiogel). Mae'n rhaid i'r Sant sy'n wrthrych y Fuchedd allu codi'r marw'n fyw fel y mae Dewi, ar ei ffordd i Synod Brefi, yn cyfodi unig fab mam weddw, gan roddi Llyfr yr Ysgrythur ar frest y bachgen a mynd ag ef gydag ef i'r Synod. Agwedd arall bwysig ar fywyd pob Sant yw ei ymweliad rywbryd neu'i gilydd â'r Pab neu Archesgob i'w gysegru i'w swydd aruchel — a honno fel rheol yn swydd esgob neu archesgob.

'Church' against the ever increasing power and spread of Rome. Mrs. Chadwick is of the opinion that Sulien might have had much to do with the meeting of the Conqueror and the two Welsh princes at St. David's. She suggests, therefore, that a possible date for the composition of this important *Vita* would be about the year 1081, as it is almost certain that the Llanbadarn School would wish to take advantage of the Conqueror's presence at St. David's, not only to put before him in person the case for the Celtic 'Church' and for St. David in particular, but also to follow up with a life history of the Saint at the same time.

Be that as it may, we must examine carefully the story of St. David as Rhigyfarch wrote it. This is important for many reasons, not least because this *Vita* is now regarded as the prototype of so many Lives of the Celtic Saints written at a later date. They all had several distinctive features in common; in fact, they were written on a set pattern. The original text of the *Vita Davidis* is lost but there is a very early copy of it dated about 1200 in the British Museum. It contains a wealth of detail, even though it was written some five hundred years after David lived. The detail contains many hagiological and miraculous incidents which clearly form part of the set plan on which all the medieval Saints' Lives are written. For example, the Saint must be given a royal lineage and a distinguished ancestry. Some miraculous event must be associated with his birth. He must be sent to a well-known and famous teacher for his education. An angel must be beside him always, directing him where to go and what to do next. The Saint must be able to perform miracles (like the story of David giving permission to St. Barre to ride his horse, when he was desirous of returning to Ireland hastily. The horse, carrying with it David's miraculous powers, enters the sea and 'ploughs through the swelling masses of the waves, as through a level field', and the Saint reaches Ireland in safety). The Saint whose life is written up must also be able to raise people from the dead, as St. David, when on the way to the Synod of Brefi, raises the only son of a widowed mother to life, and places the Gospel Book on the boy's breast and takes him along with him to the Synod. Another important feature of every Saint's Life is a visit, at some time or other, to the Pope or a Metropolitan to be consecrated to a high office, usually that of a bishop or archbishop.

Ac yn olaf rhaid danfon rhyw ymwelydd dwyfol i rybuddio'r Sant
ynglŷn â dyddiad ac amseriad ei farwolaeth. Fe ddigwydd hyn eto
yn hanes Dewi.

Barn ysgolheigion modern yw y gellir tynnu'r nodweddion hyn,
sy'n gyffredin i holl fucheddau'r Seintiau, allan o'r hanes; ac felly
gellir dadlau y dichon i'r gweddill gynnwys yr hyn a gofiwyd neu a
drosglwyddwyd gan draddodiad am wir hanes y Sant dan sylw. Os
cymhwysir y ddadl hon at *Fuchedd Dewi* Rhigyfarch, cawn nifer
o bynciau ynddo sy'n adleisiau, mae'n sicr, o ddigwyddiadau
hanesyddol gywir.

Mae'r cyntaf o'r rhain yn dangos yn eglur bod cynefin ac addysg
gynnar Dewi yn gysylltiedig â chanol Ceredigion. Dywedir bod ei
dad, o'r enw Sant, yn frenin Ceredigion, yn fab i Cedig, fab
Ceredig, fab Cunedda. Anfonodd rhyw allu dwyfol y Brenin Sant
at Non (lleian) a daeth hi'n fam i Ddewi. Wedi hyn mae'n
ymddangos i Sant adael ei deyrnas a throi'n feudwy. Y pwynt
pwysicaf yn adrannau diweddarach yr ach yw dangos fod Dewi yn
or-or-ŵyr i Gunedda yr arwr Celtaidd enwog. Addysgwyd Dewi yn
Henfynyw, yr enw a roddwyd i'w fynachlog mewn cyfnod
diweddarach i wahaniaethu rhyngddi â'r Fynyw Newydd, sef
Tyddewi. 'Roedd gan y fynachlog fechan Geltaidd enw rhagorol
am addysg gyflawn o dan ofal esgob hyglod o'r enw Guistilianus.
Tybir i Ddewi gael ei anfon o Henfynyw am gyfnod o baratoad neu
encil at Sant Paulinus mewn mynachlog yn y rhan honno a
adweinid yn ddiweddarach fel gogledd Sir Gaerfyrddin.

Mae'r werth edrych yn fanylach ar Henfynyw er mwyn cael
darlun cliriach o'r bywyd a'r diwylliant cyffredinol a ffynnai o
gylch Dewi ifanc yn ystod ei gwrs addysg yno. Ychydig fythynnod
cyntefig oedd y fynachlog ei hun, mae'n debyg, yn cynnwys
eglwys fach i gynnal defosiwn, a'r cyfan wedi ei amgylchynu â ffos
ddofn ynghyd â chlawdd pridd i gadw lladron a gwylltfilod allan.
Mewn cyfnod diweddarach gwnaed yr eglwys, i ddechrau, o bren
ac yna ei datblygu'n eglwys blwyf fechan o feini yn dwyn enw'r

Finally, some divine visitor must be sent to warn the Saint of the date and time of his death. This too, happens in the narrative concerning St. David.

Modern scholars feel that these items, common as they are to all the Lives of the Saints, can be taken out of the narrative, so that it can be argued that what is left of the story may well be what is remembered or carried down by tradition concerning the real history of the Saint in question. If this argument is applied to Rhigyfarch's *Life of David* we find that a number of matters stand out which we think represent echoes at least of real historical happenings.

The first of them points clearly to the fact that David's homeland and early education are associated with mid-Ceredigion. His father Sant is said to have been King of Ceredigion, son of Cedig, son of Ceredig, son of Cunedda. Divine power sent Sant to Non (a nun) who became the mother of the Saint. Afterwards, the father seems to have withdrawn from his Kingdom to take up the eremetical life. The most important point in the pedigree in its later stages shows that David would be a great-great grandson of Cunedda, the famous Celtic hero. David was educated at Vetus Rubus, the Welsh Henfynyw — the Old Mynyw, the name given to his monastery in later times to distinguish it from the New Mynyw, Menevia, which is St. David's. The little Celtic Monastery at Henfynyw had an excellent reputation as a place of sound education and learning under the care of a distinguished Bishop named Guistilianus. It seemed that David was sent from Henfynyw for a further period of preparation, or retreat, to St. Paulinus in a monastery located in what was later known as northern Carmarthenshire.

It is worth looking a little closer at Henfynyw in order to obtain a clearer picture of the general life and culture that surrounded young David during his education there. The little monastery itself would presumably have consisted of a few primitive huts including a small wattle and daub church for devotional purposes, the whole surrounded by a deep ditch together with an earthen embankment to keep out robbers and wild beasts. In later times the little church would be built first of all of timber only, later still becoming a small

Sant a'i sylfaenodd, a byddai ffynnon sanctaidd gerllaw. Dyma gynllun yr eglwys sy'n parhau i ddwyn enw Dewi. Mae peth tystiolaeth archaeolegol hefyd fod mynachlog ac yn sicr hen fynwent ger yr eglwys bresennol yn y seithfed ganrif, canys, wedi ei osod ym mur allanol cangell ddwyreiniol yr eglwys, mae darn o garreg arw (wedi ei hollti rywfaint) a fu unwaith yn rhan o gofgolofn fawr. Mae arni ddarn o arysgrif Ladin a'r enw (wrth ddarllen ar i lawr) TIGEIR(N) arni, h.y. maen Tigeirnacus. Ni wyddom pwy oedd Tigeirnacus; 'roedd bron yn sicr yn aelod o gymuned fechan y fynachlog, ond mae'n werth nodi fod yr enw'n digwydd dair gwaith ar arysgrifau maen o'r bumed hyd y seithfed ganrif yng Nghymru, ac fe all ei fod yn berson o bwys.

Cyn i ni edrych ar fywyd bob dydd y mynachlogydd bychain hyn yn nyddiau Dewi, mae'n werth nodi rhai manylion ynglŷn â safle Henfynyw sy'n berthnasol iawn i'r gwaith o ail-greu darlun o'r hen fywyd. Mae'r safle'n nodweddiadol o nifer o fynachlogydd tebyg o amgylch arfordir Cymru a de-orllewin Prydain yn y cyfnod Celtaidd. Sylwn ar y glyn cul yn rhedeg i lawr oddi ar lwyfandir yr arfordir a safle'r fynachlog yn y blaenau lle mae'r cwm yn ymagor yn fan cysgodol ardderchog ar gyfer ffermio, ac â chysylltiad uniongyrchol â'r môr drwy'r hollt gul. 'Roedd arwyddocâd arbennig i hyn gan mai'r môr yn y dyddiau hynny oedd prif gyfrwng cyfathrebu a phriffordd trafnidiaeth pobl, nwyddau a syniadau o'r byd mawr y tu allan. 'Roedd yn haws teithio mewn llongau, ar drugaredd y gwyntoedd croes, a thramwyo drwy ymchwydd a cherrynt a stormydd croch nag ymlwybro dros fynyddoedd, corsydd a siglennydd peryglus ar dir. (Ffig. I)

Daeth y Gristnogaeth Geltaidd a amgylchynai Ddewi i fod oherwydd dyfodiad syniadau newydd o darddle Cristnogaeth yn rhannau dwyreiniol y Môr Canoldir yn ymdoddi â'r hyn oedd yn weddill o Gristnogaeth cyfnod y Rhufeiniaid. Credir yn awr mai fel hyn y bu. Yn sicr, nid oedd y bywyd mynachaidd a ddatblygwyd yn Henfynyw yn nodweddiadol o'r Gristnogaeth gynharaf ym Mhrydain, sef yr un a geid yno yng nghyfnod y Rhufeiniaid. Ond

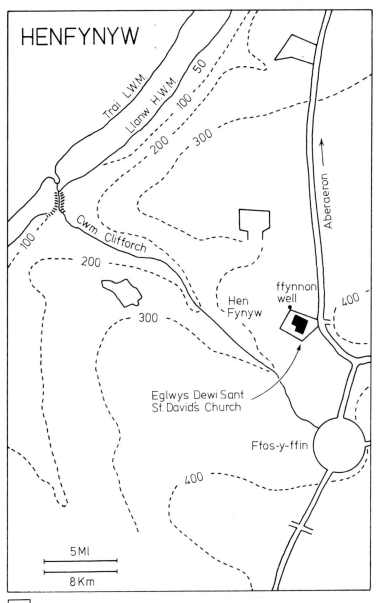

HENFYNYW

Trai L.W.M.
Llanw H.W.M.
50
100
200
300
Aberaeron →
Cwm Clifforch
100
200
300
400
ffynnon well
Hen Fynyw
Eglwys Dewi Sant
St. David's Church
Ffos-y-ffin
400

5 Ml
8 Km

I

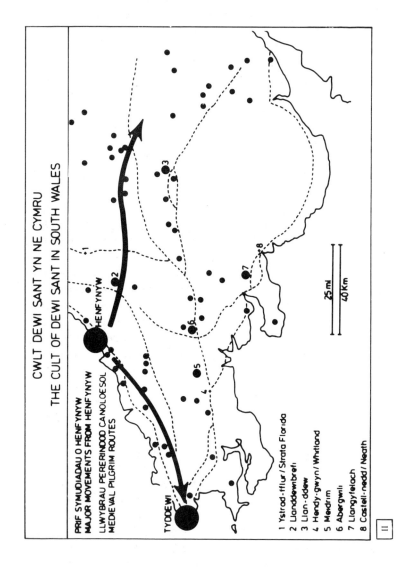

CWLT DEWI SANT YN NE CYMRU
THE CULT OF DEWI SANT IN SOUTH WALES

PRIF SYMUDIADAU O HENFYNYW
MAJOR MOVEMENTS FROM HENFYNYW
LLWYBRAU PERERINDOD CANOLOESOL
MEDIEVAL PILGRIM ROUTES

HENFYNYW

TYDDEWI

25 ml
40 Km

1 Ystrad-fflur / Strata Florida
2 Llanddewibrefi
3 Llan-ddew
4 Hendy-gwyn / Whitland
5 Meidrim
6 Abergwili
7 Llangyfelach
8 Castell-nedd / Neath

stone-built parish church carrying the name of its original founder, with a sacred well nearby. This is the situation as it is today with the church still carrying the name of St. David. There is some archaeological evidence too that a monastery, and certainly an early burial place, existed near the present church in the seventh century, for now, built into the external eastern chancel wall of the church is a rough stone block, somewhat fractured, but originally forming part of a large pillar stone. It has a fragment of a Latin inscription reading vertically downwards TIGEIR(N) (the stone of Tigeirnacus). We do not know who Tigeirnacus was; he was almost certainly a member of the little monastic community but it is worth noting that the name occurs three times on early Christian inscribed stones of fifth to seventh century date in Wales, so he may have been a person of some significance.

Before we examine the day-to-day life of these little monasteries at the time of David, it is worth while noting a few details concerning the site of Henfynyw which are strictly relevant to a reconstruction of the early picture. The site is typical of so many such monasteries around the coasts of Wales and south-western Britain in Celtic times. We note the narrow steepsided valley running down off the coastal plateau, with the monastic site where the valley opens out, in its upper reaches, set in an excellent sheltered position for agriculture, and by way of the narrow valley cleft to maintain direct contact with the sea. This was of the greatest significance because in those days the sea was the chief means of communication and the highway of traffic for people, goods and ideas from the outside world. The little ships at the mercy of the sea winds and tides found it easier to negotiate currents, tide-races and storms than did their passengers to traverse mountains, bogland and swamps on land. (Fig. I).

It was the coming of new ideas by sea from the homelands of Christianity in the Eastern Mediterranean and their fusion with what remained of Christianity from Roman times in these far western margins of the Empire that, ultimately, brought into being the Celtic Christianity which surrounded St. David in his day. It is now thought that the sequence of events was as follows. Monastic life as developed at Henfynyw was certainly not a feature of the earliest Christianity in Britain, found during the period of the

cafodd cenhedlaeth newydd o haneswyr ac archaeolegwyr eu denu yn gymharol ddiweddar i astudio Cristnogaeth Gynnar ym Mhrydain ac mae'n ddiogel datgan ein bod yn gwybod ddwywaith gymaint am y pwnc hwn ag a wyddem cyn yr Ail Ryfel Byd. Mae canlyniadau'r ymchwil hon (yn enwedig gwaith yr Athro Charles Thomas) wedi rhoi i ni olwg newydd ar drefn y digwyddiadau mewn cysylltiad â Christnogaeth Gynnar yn y gwledydd Celtaidd, ac â mynachaeth Geltaidd yn arbennig.

Gwyddom ers tro byd ar sail tystiolaeth archaeolegol a llenyddol fod Cristnogaeth wedi ei sefydlu yn bur gadarn yn ne-ddwyrain Prydain erbyn diwedd y bedwaredd ganrif, ond nid yw'n eglur beth oedd y sefyllfa yng ngogledd a gorllewin Prydain. Ond dangosodd ymchwil ddiweddar y gallasai cymunedau Cristnogol fod wedi ymsefydlu yn yr ardaloedd hyn yn y bedwaredd ganrif os nad yn y drydedd ganrif fel yr awgryma'r dystiolaeth o'r gogledd-orllewin (a'i ganolfan yng Nghaerliwelydd). Dengys y dystiolaeth hon hefyd fod Cristnogaeth yn y gorllewin a'r gogledd wedi parhau i dyfu ac y gallai'r twf hwn fod wedi cychwyn yno, a'i feithrin, gan hir gyswllt â'r Eglwys yng Ngâl ar hyd llwybrau'r môr gorllewinol, neu hyd yn oed â'r Môr Canoldir ar hyd yr un llwybrau. Cristnogaeth uniongred oedd hon, yn cael ei llywodraethu gan esgobion ar seiliau esgobaethol. Yn ne-ddwyrain Prydain byddai'r esgobaethau wedi eu seilio ar y trefi Rhufeinig mwyaf, ond yng Nghymru a gorllewin Lloegr yn gyffredinol, 'doedd dim trefi, ac felly fe fyddai esgob yn y gorllewin yn fwy o esgob llwyth arbennig, a'i gadeirlan yn agos at yr awdurdod sifil oedd yn bodoli ar y pryd — hynny yw at bencadlys pennaeth y llwyth lleol. Dangosodd y ddiweddar Kathleen Hughes mai felly yr oedd pethau yn sicr yn Iwerddon cyn dyfod mynachaeth gyflawn. Mae'r holl dystiolaeth felly yn datgan fod Cristnogaeth gyfundrefnol yn bodoli yng ngorllewin Prydain yng nghyfnod y Rhufeiniaid.

Wrth i'r bumed ganrif gerdded rhagddi, mae'r darlun yn newid. Aflonyddai'r ysbeilwyr Eingl-Seisnig ar y de a'r dwyrain a phrin y llwyddodd Cristnogaeth i oroesi yno — ac mewn llecynnau gwasgaredig yn unig y gwnaeth hynny. Mae tystiolaeth argyhoeddiadol a chynyddol na ellir priodoli dyfodiad Cristnogaeth Cymru a gorllewin Lloegr i ddyfodiad ffoaduriaid o dde-ddwyrain Lloegr a giliodd i'r bryniau rhag ymosodiadau'r

Roman occupation. However, during recent decades a new generation of historians and archaeologists has been attracted to the study of Early Christianity in Britain and it is safe to say that we know twice as much about this subject as we did before the Second World War. The conclusions of these workers (particularly those of Professor Charles Thomas) have given us a clearer understanding of the sequence of events relative to Early Christianity in the Celtic lands and to Celtic monasticism in particular.

We have known for a long time from archaeological and literary evidence that Christianity was reasonably well established in south-eastern Britain at the close of the fourth century, but what the situation was in the north and west of Britain remains obscure. Modern work, however, has shown that in these areas Christian communities may well have been present in the fourth, if not in the third century, as, for example, the evidence from the north-west (centred on Carlisle) seems to indicate. This evidence also points to the fact that Christianity in the west and north continued to grow, and that this growth may be indigenous, as well as fostered by prolonged contact with the Church in Gaul by the western sea routes, or even directly with the Mediterranean by the same routes. This Christianity was of the orthodox type ruled by bishops on a diocesan basis. In south-eastern Britain the bishops would be based on the larger Roman towns. In Wales and the west generally, however, there were no towns, so that the western bishops would be virtually bishops of a particular tribe (tribal bishops) with their seats close to the existing civil authority — that is, to the headquarters of the local tribal chieftain. The late Dr. Kathleen Hughes has shown that this was clearly the case in Ireland before the coming of full monasticism. All our evidence, therefore, points to the fact that there was organised Christianity in western Britain during the Roman occupation.

As the fifth century advanced, the picture changed. Anglo-Saxon raiders progressively disrupted affairs in the south and east and Christianity barely survived, and then only in isolated pockets. There is an impressive and growing body of evidence that the coming of Christianity into Wales and the west cannot any longer be attributed, as the older historians once thought, to Christian refugees from south-eastern England fleeing to the hills before the

Eingl-Saeson, fel y credai haneswyr gynt. Tra wynebai
Cristnogaeth de-ddwyrain Lloegr anawsterau wedi i'r Rhufeiniaid
encilio, fe gawn dystiolaeth bod trefn eglwysig yn nodwedd
sefydlog yn y gorllewin, erbyn diwedd y bumed a dechrau'r
chweched ganrif, a honno wedi etifeddu ei defodaeth, ei litwrgi a'i
threfniadaeth esgobol oddi wrth yr Eglwys ar y Cyfandir a'r
Eglwys Brydeinig yn amser y Rhufeiniaid. I mewn i'r gyfundrefn
hon yn y gogledd a'r gorllewin y daeth y fynachaeth gyfundrefnol
yr oedd Dewi yn rhan ohoni. Rhaid i ni yn awr astudio ei tharddiad.

Fe wyddom fod erledigaeth gynnar wedi peri i Gristnogion
cynnar rhanbarthau Rhufeinig yr Aifft a'r Dwyrain Agos ffoi i'r
anialwch. Ar y dechrau, 'roeddent yn byw bywydau unig ac yn
ymgosbi'n llym. Yn ddiweddarach, fodd bynnag, fe ddaeth rhai
ohonynt ynghyd mewn grwpiau bychain a mawr i weithio ac i
addoli ac i ymwrthod â'r byd. O bryd i'w gilydd fe ddeuai
arweinwyr Cristnogol o'r Gorllewin i ymweld â hwy yn yr
anialwch. Ar ôl dychwelyd byddai'r rheiny'n codi eu
mynachlogydd eu hunain gan efelychu mynachlogydd yr
anialwch. Mae Lérins ger Marseilles, a Ligugé, a Marmoutier ger
Tours, yn enghreifftiau o hyn. Fe ledodd patrwm y mynachlogydd
hyn yng Ngâl i Brydain yn ddiweddarach. Mwy arwyddocaol hyd
yn oed na hynny, mae'n debyg, yw bod archaeolegwyr modern
wedi gallu dangos bod gan y tiroedd o gwmpas y Môr Canoldir, yn
cynnwys yr Aifft, Palesteina, Asia Leiaf ac Ynysoedd yr Aegean
gysylltiadau trafnidiaeth uniongyrchol â de-orllewin Prydain.
(Ffig. V). Mae rhai mathau o grochenwaith olwyn nas gwnaed ym
Mhrydain, mae'n amlwg, wedi eu darganfod yn ystod y
blynyddoedd diwethaf hyn yn ne Iwerddon, yng Nghymru a de-
orllewin Lloegr. Mae crochenwaith cyffelyb i'w gael ym
mhorthladdoedd dwyrain y Môr Canoldir megis Tarsus, Athen,
Antiochia a Chaergystennyn. Perthyn y crochenwaith hwn i ddau
ddosbarth. Mae rhai Dosbarth A yn blatiau a llestri bwrdd coch â
simbolau Cristnogol yn fynych wedi eu stampio arnynt, ac yn ail,
Dosbarth B, sy'n ddarnau o *amphorae* neu biseri a ddefnyddid i
ddal a chario gwin o ganolfannau fel Rhodes a Chyprus ac
ynysoedd eraill yr Aegean. Fe fewnforiwyd y gwin gan y
mynachlogydd Celtaidd bychain i'w ddefnyddio yn y Cymun, ac

advancing Anglo-Saxons. While Christianity was in difficulties in south-eastern Britain after the Roman withdrawal, we find evidence today that Church organisation was by the late fifth and early sixth centuries a regular feature of the west, inheriting from the Continental Church, and the British Church in Roman times, its ritual, liturgy and diocesan organisation. It was into this situation in the north and west that organised monasticism entered, to which David was so deeply committed, and whose origins must now be examined.

We know that the early persecution of Christians in the Roman Provinces of Egypt and the Near East caused many there to flee to the desert. At first, they lived solitary lives practising extremes of hardship. Later, however, some came together in large or small groups for work and worship, and so renounced the world. They were visited in the desert from time to time by leading Christians in the West and these, on returning home, set up their own monasteries in imitation of those of the desert. Lérins, near Marseilles, and Ligugé, and Marmoutier, near Tours, are cases in point. The pattern of these Gaulish monasteries ultimately spread to Britain. Even more significant, it would appear, is the fact that modern archaeologists have been able to show that the lands around the Eastern Mediterranean, including Egypt, Palestine, Asia Minor and the Aegean Islands, were in post-Roman times in direct trade contact with south-western Britain. (Fig. V). Certain types of wheel-made pottery which are clearly non-British in character have been found in recent years in southern Ireland, Wales and the South-west Approaches. Exactly similar pottery occurs in such Eastern Mediterranean ports and depots as Tarsus, Athens, Antioch and Constantinople. The pottery concerned is of two types. Some are red coloured platters and table wares, classified as Type A and often stamped with Christian symbols, and secondly, Type B which are portions of amphorae used as wine containers, transporting wine from such centres as Rhodes and Cyprus and other Aegean Islands. The wine was imported by the little Celtic monasteries for use in the Eucharist and some, of course, reached the tables of the aristocrats. It is important to note

wrth gwrs fe gyrhaeddodd peth ohono fyrddau'r uchelwyr. Mae'n bwysig sylwi fod llwybr y môr, mae'n debyg, wedi mynd yn uniongyrchol drwy Gulfor Gibraltar i orllewin Prydain a bod prysurdeb amlwg ar hyd glannau Môr Hafren. Os gallai'r crochenwaith hwn deithio i'r mynachlogydd o gwmpas traethau de-orllewin Prydain (lle darganfuwyd llawer darn ohono), felly gallai pererinion, llyfrau a syniadau wneud hynny hefyd; ac felly ni all fod amheuaeth bellach nad ar hyd llwybrau'r môr gorllewinol hyn y cyrhaeddodd y bywyd mynachaidd cyflawn ein harfordir gorllewinol. Lledaenodd y patrwm yn gyflym o'r glannau gorllewinol i leoedd fel Llanilltud Fawr, Nantcarfan, Llandaf, Ynys Bŷr, Glastonbury, Tintagel, Tyddewi, Llanbadarn Fawr, Tywyn, a mannau eraill yng ngorllewin Cymru rhwng o.c. 470 a 670. Mae hyd yn oed celloedd bychain fel Henfynyw yn perthyn i'r mudiad hwn. Yng nghraidd y mudiad hwn mae Dewi Sant yn ymddangos.

Fe ddechreuodd y Dewi ifanc ei addysg yn Henfynyw o dan ofal yr athro dawnus Guistilianus. Yno derbyniodd nid yn unig elfennau sylfaenol addysg gyffredinol — darllen, ysgrifennu a chyfrif syml — ond hefyd ysbrydiaeth a neges y Gristnogaeth Geltaidd. Wrth dyfu'n hŷn dyma'r neges a ddug gyda'i gyd-genhadon i'r bobl y tu allan, a'r ysbrydiaeth a'r hyfforddiant a gafodd yn Henfynyw a'i harweiniodd i adeiladu Mynyw mwy newydd a mwy rhagorol — Menevia, Tyddewi, ei sefydliad cychwynnol ar begwn eithaf de-orllewin Dyfed, ei fro enedigol.


## II  PORFEYDD NEWYDD

Gwelsom eisoes mai un o brif weithgareddau'r mynaich mewn mynachlog Geltaidd oedd tramwyo hyd a lled y wlad, yn fynych yng nghwmni un o'u hesgobion, yn pregethu'r efengyl, yn sefydlu eglwysi a gweini ar yr hen a'r claf. Dyna sut yr oedd hi yn Henfynyw yn sicr. Os olrheiniwn ar fap ddosbarthiad hen eglwysi (sef y rhai a sefydlwyd cyn y Diwygiad Protestannaidd) sy'n dwyn enw Dewi, fe welir eu bod yn agos at hen ffyrdd a llwybrau, neu arnynt, ac wedi eu cysylltu â Thyddewi. (Ffig. II). Mae'n ymddangos bod grŵp deheuol a grŵp gogleddol o eglwysi o'r fath ac arwyddion cryf bod yr un gogleddol yn cynnwys dwy gylchdaith

that the sea route appears to have passed through the Straits of Gibraltar direct to western Britain with the coastlands of the Bristol Channel being particularly involved. If this pottery could travel to the monasteries around the shores of south-western Britain (where many pieces have been recorded) so, too, could pilgrims, books, and ideas; so that there can be no longer any doubt that it was along these western sea-routes that full monastic life arrived on our western shores. The pattern spread rapidly from our Western Approaches to such sites as Llanilltud Fawr, Nantcarfan, Llandaf, Caldey, Glastonbury, Tintagel, St. David's, Llanbadarn Fawr, Tywyn, and other places in West Wales between AD 470 and 670 and it is to this movement that even small monastic cells like Henfynyw belong. In the heart of this movement we find St. David.

The youthful David began his education at Henfynyw under the supervision of the gifted teacher Guistilianus. He acquired not only the basic elements of a general education — reading, writing and simple numeration — but also the spirit and message of Celtic Christianity. In later life it was this message that he took with his fellow missionaries to the people outside, and it was the inspiration and training he acquired at Henfynyw that led him to set up a new and greater Mynyw — Menevia, Tyddewi, St. David's, his primary settlement on the extreme south-western tip of his native Dyfed.


## II   PASTURES NEW

We have already seen that it was one of the functions of the monks in a Celtic monastery to move through the countryside, often accompanied by one of their bishops, preaching and establishing churches and consoling the sick and infirm. This was certainly the case at Henfynyw. If we plot the distribution of ancient (that is pre-Reformation) Churches bearing the name of St. David we find that they are on or near to ancient roads and trackways, linked to St. David's (Fig. II). It would appear that we have a northern and a southern group of such churches with strong indications that the northern group shows two movements from

o Henfynyw, y naill i'r de-orllewin drwy Flaenporth,
Llanllwyddog a Llanychaer i gyfeiriad Tyddewi a'r llall yn
gylchdaith i'r dwyrain, i Landdewibrefi, Llanddewi Abergwesyn,
Llan-crwys ac ymlaen at Gregrina, Glasgwm, Colfa, Rhiwlen
(Rhulen) a'r grŵp o eglwysi Maesyfed sy'n dwyn enw Dewi.
Heddiw mae un ar ddeg o eglwysi hynafol Dewi yn perthyn i'r
gylchdaith dde-orllewinol a deuddeg i'r un ddwyreiniol. Mae'r
cwbl o'r grŵp deheuol o eglwysi Dewi yn awgrymu bod y
mudiadau cenhadol wedi cychwyn o Dyddewi ei hun, gan
gynnwys eglwysi pwysig fel Abergwili, Llangadog, Llan-ffwyst,
Capel Dewi, Llanddewi Ysgyryd, Llanddewi Rhydderch ac eraill
yn y de-ddwyrain. Fforchai ail lwybr a oedd yn dilyn gwastadedd
arfordir Cymru yn Abergwili (neu Gaerfyrddin) a mynd drwy
Langyfelach a Bro Morgannwg i Landdewi (Dewstow) ger
Caerwent.

O ddychwelyd at y grŵp gogleddol o'r eglwysi fe gawn fod
Rhigyfarch yn sôn am fudiadau cenhadol i gyfeiriad y dwyrain a'r
gorllewin, ac er ei fod yn sôn am y mudiad dwyreiniol yn gyntaf,
cyn sôn am yr un i'r de-orllewin, mae'n amlwg mai'r olaf yw'r
pwysicaf gan ei fod yn gysylltiedig â sefydlu'r fynachlog yn
Nhyddewi — uchafbwynt bywyd a gwaith y Sant. Mae gennym
achos digonol dros dderbyn stori Rhigyfarch fel adlais o ffaith
hanesyddol, dim ond i ni beidio â gorbwysleisio manylion na
storïau am wyrthiau. Dywed Rhigyfarch wrthym i dri disgybl —
Aedan, Eiludd (Teilo) ac Ysmael — fynd gyda Dewi ar y daith
genhadol hon i'r de-orllewin. Fe wneir i'r angel (sy bob amser yn
bresennol) eu cyfeirio tuag at y Vallis Rosina ym mlaenau afon
Alun yng ngorynys Tir Dewi lle y sefydlodd Dewi ei fynachlog
maes o law.

Mae'n werth sylwi, wrth fynd heibio, mor wych oedd y safle
hon, yn enwedig yn nyddiau Dewi. Yn fyr, mae daear yr orynys yn
llwyfandir tua 200 troedfedd o uchder. Mae'r arweddau amlwg i
gyd, bron, o darddiad igneaidd yn sefyll i fyny fel monadnociaid
anferth uwch wyneb y llwyfandir. Mae haen drwchus o farian iâ
dros yr wyneb, a'r marian yn dueddol o lanw unrhyw bant naturiol

Henfynyw, one to the south-westward via Blaenporth, Llanllwyddog and Llanychaer towards St. David's, and a second group indicating movement eastwards to Llanddewibrefi, Llanddewi Abergwesyn, Llan-crwys, on to Cregrina, Glasgwm, Colva, Rhiwlen (Rhulen) and the group of Radnorshire churches dedicated to St. David. The south-westward movement is now marked by eleven ancient Dewi Churches and the eastern movement by twelve. The whole of the southern group of Dewi Churches in South Wales suggests missionary movements emanating from St. David's itself, marked by such important churches as Abergwili, Llangadog, Llanfoist, Capel David, Llanddewi Ysgyryd (Skirrid), Llanddewi Rhydderch, and others in the south-east. A second route following the South Wales coastal plain probably branched off at Abergwili (or Carmarthen) and went by way of Llangyfelach and the Vale of Glamorgan on to Dewstow near Caerwent.

Reverting to the northern group of churches, we find that the missionary movements both to the eastward and to the south-westward are mentioned by Rhigyfarch and although he mentions the eastward movement first, before the movement to the southwest, it is clear that the latter is the more important, involving the establishment of a monastery at St. David's — clearly a highlight in the life and work of the Saint. We have every reason to accept Rhigyfarch's story as an echo of a historical fact, provided we do not overemphasise details or hagiological matters. Rhigyfarch tells us that three disciples, Aedan, Eiludd (Teilo) and Ysmael, accompany David on this south-western mission. The Angel (who is always present) is made to direct them to the Vallis Rosina in the upper part of the valley of the River Alun in the Dewisland peninsula where David in due course established his monastery.

It is worth noting in passing what an excellent site this was, especially in the days of St. David. The land forming the peninsula is, briefly speaking, a plateau surface some 200 feet in general elevation. Nearly all the prominent features, however, are of igneous origin standing up as great monadnocks above the plateau surface. The area has a heavy drift cover, with the drift tending to

yn yr wyneb. Y system ddraenio, fodd bynnag, sy'n arwyddocaol. Fe adnewyddwyd y nentydd presennol a'u cymoedd gan ymgodiad tir yn y cyfnodau cyn-rewlifol ac felly mae eu rhediad yn awr wedi ei rychu yn ddwfn i wyneb y llwyfandir. Mae afon Alun o ddiddordeb arbennig, yn llifo o'r dwyrain-ogledd-ddwyrain i'r gorllewin-dde-orllewin yn ei blaenau, yna wrth agosáu at y pen adnewyddol tua hanner milltir i'r gogledd o Dyddewi mae'n troi i gyfeiriad y de ac yna'n ôl i linell ogledd-ddwyrain → de-orllewin ac yna'n rhoi tro'r gwcw arall tua chwarter milltir o'r aber gan orffen ei thaith yn llifo o'r gogledd-orllewin i'r de-ddwyrain. O'r pen adnewyddol hyd at y môr mae afon Alun yn llifo mewn glyn cul sydd mewn gwrthgyberbyniad amlwg â'r rhan uchaf ar y llwyfandir — gwahaniaeth y sylwyd arno drwy'r canrifoedd gan fod y glyn cul yn cael ei alw'n Nant, Vallis neu Vale. Yn rhan uchaf y glyn cul hwn y saif yr eglwys gadeiriol heddiw, ar y safle y cododd Dewi ei fynachlog gyntaf arno. Yma roedd gan y fynachlog ddwy fantais uniongyrchol — ar y naill law fe'i cuddid yn ofalus islaw wyneb y llwyfandir yn rhan ddofn uchaf y glyn adnewyddol, fel na ellid ei gweld felly o'r môr, tra ar y llaw arall, 'roedd y mynaich yn medru cyrchu'r môr yn hawdd — a'r môr hwnnw'n briffordd pob trafnidiaeth yn Oes y Seintiau. Dyna paham y mae'n fwy cywir yn hanesyddol i edrych ar yr eglwys gadeiriol bresennol o fryn isel yn y glyn, fel yn yr wyneblun, na dangos llun yr adeilad yn ymddyrchafu oddi ar lefel y tir.

Cofiwn fod Rhigyfarch yn peri i'r angel arwain Dewi a'i gymdeithion i'r Vallis Rosina, sef y rhan adnewyddol o'r glyn. Mae ystyr y gair Rosina wedi achosi peth dryswch. Fe gamddehonglwyd y gair Lladin *rosina* fel y gair Cymraeg 'rhosyn' a rhoi iddo'r ystyr 'Glyn y Rhosynnau'; ond bachigyn o'r gair 'rhos' yn golygu 'cors fechan' yw'r gair mewn gwirionedd. Fe leolwyd y fynachlog hynafol felly yng nglyn y gors neu'r siglen fach. Ond mae Rhigyfarch yn ychwanegu mai'r enw Cymraeg arno yw Hodnant neu Hoddnant, h.y. Vallis Prospera — 'y glyn teg'. Ni

fill up any natural hollows in the surface. It is, however, the drainage system which is significant. The present streams and their valleys were rejuvenated by an uplift of the land surface in pre-glacial times so that their courses are now incised into the plateau surface. The River Alun is of particular interest, flowing in an E.N.E.–W.S.W. direction in its upper reaches, then, as it approaches the rejuvenation head about half a mile north of St. David's, it turns in a general N.–S. direction and then back again to a N.E.–S.W. alignment and finally makes another sharp bend about a quarter of a mile from its mouth, completing its course in a N.W.–S.E. direction. From the rejuvenation head to the sea the River Alun flows in a deeply incised, narrow valley which stands out in sharp contrast to its upper portion on the plateau surface — a difference which seems to have been noted throughout the ages as the narrow dell is always referred to as the Nant, Vallis, or Vale. It is in the upper portion of this narrow dell that the Cathedral now stands, on the site where St. David placed his original monastery. In this position the monastery had two immediate advantages — on the one hand, it was carefully hidden below the plateau surface in the deep upper portion of the rejuvenated valley, making it, therefore, invisible from the sea, while, on the other hand, the monks were able to maintain direct access to the sea — so important as the main highway of movement in the Age of the Saints. This is why it is historically more accurate to view the present Cathedral from a relatively high point sunken in this way into the valley, as shown in the painting reproduced in the frontispiece, than it is to present the façade of the whole Cathedral from ground level.

We have seen that Rhigyfarch makes the Angel lead David and his colleagues to the Vallis Rosina which is the rejuvenated section of the valley. The word Rosina has caused some confusion in interpretation. The Latin word *rosina* has been misinterpreted to be equivalent to the Welsh word 'rhosyn' (a rose), to give the meaning 'Vale of Roses', but in fact the word is a diminutive of 'rhos' meaning 'a little swamp'. The ancient monastery was, therefore, located in the valley of the little swamp or bog. Rhigyfarch, however, adds that the Welsh people generally call the valley Hodnant or Hoddnant i.e. Vallis Prospera — 'a favourable

ddefnyddir yr enw hwn mwyach ond gallasai fod yn nyddiau
Rhigyfarch yn adlais o afael arbennig y fangre ar sefydlwyr cyntaf
y fynachlog. Ni wyddom a ododd Dewi addoldy rywle arall yn
Nhir Dewi cyn penderfynu'n derfynol ar y man yn y Vallis Rosina a
ddaeth maes o law yn safle eglwys gadeiriol. Mae Gerallt Gymro a
*Buchedd Dewi* yr ancr o Llanddewibrefi fel petaent yn awgrymu
mai felly y bu hi, ond cred ysgolhegion diweddar i'r syniad hwn
ddatblygu oherwydd defnyddio'r term Vetus Rubus i olygu
sefydliad hŷn yn Nhir Dewi na'r un yng nglyn Alun. 'Does neb
wedi gallu ei leoli, fodd bynnag, ac mae'n amlwg mai Henfynyw
yng Ngheredigion yw Vetus Rubus. Nid yw materion fel hyn, er eu
bod yn ddiddorol ynddynt eu hunain, ddim o bwysigrwydd
neilltuol yn y darlun cyflawn. Y ffaith holl-bwysig yw fod Dewi
Sant a'i gymdeithion yn 'ymgyrchu' yma yn ne-orllewin Dyfed. Fe
ddefnyddir y gair 'ymgyrch' yn fwriadol yn y cyswllt hwn am nad
oedd y seintiau o Henfynyw yn ymladd brwydr dros Gristnogaeth
yn erbyn y baganiaeth yn eu mysg yn unig ond hefyd yn ymgyrchu
yn erbyn gelyn mewn gwisg o gnawd — yr ymsefydlwyr o
Wyddelod a oedd wedi meddiannu'r tir. Mae archaeolegwyr a
haneswyr wedi dangos yn eglur fod ardal eang yn ne-orllewin
Dyfed, o Aberaeron ar yr arfordir i mewn i'r wlad, gan gynnwys
rhan isaf dyffryn Teifi a gorllewin Sir Gaerfyrddin a'r rhan fwyaf o
ogledd Sir Benfro, wedi ei gwladychu gan oresgynwyr Gwyddelig
yn y bumed a'r chweched ganrif. Hwy oedd y 'Deisi' a ddaethai
dros y môr o dde-ddwyrain Iwerddon. Mae tystiolaeth ynglŷn â
mewnfudiad Gwyddelig tebyg i rannau eraill o orllewin Prydain.
Prawf o hynny yw'r nifer helaeth o enwau lleoedd a ffermydd o
darddiad Gwyddelig. Nid rhain yn unig sy'n dynodi'r mewnfudiad
Gwyddelig i dde-orllewin Cymru: yn yr un diriogaeth y mae
archaeolegwyr wedi cofnodi llawer iawn o feini arysgrif Cristnogol
cynnar ag arnynt fel arfer arysgrifau dwyieithog mewn sgript Ladin
ac ogham. Hen Wyddeleg yw'r iaith a ysgrifennwyd mewn ogham
ar y cerrig beddau hyn.


Perthynai Dewi Sant a'i ganlynwyr i draddodiad gwahanol
iawn. Hannai Dewi, fel y gwelsom, o deulu Cunedda. Fe ddanfon-
wyd wyth mab Cunedda ac un ŵyr o ffiniau deheudir yr Alban i

valley'. This term is no longer used, but it may well have retained
an echo, in Rhigyfarch's day, of its special appeal to St. David and
the original founders of the settlement. We do not know, however,
whether in fact St. David set up a temporary religious house
somewhere in Dewisland before finally settling on the spot in the
Vallis Rosina that became the site of the future Cathedral. Both
Giraldus Cambrensis and the Welsh *Life* of St. David copied by the
anchorite at Llanddewibrefi seem to suggest that this was so, but
modern scholars believe that this view developed by the use of the
term Vetus Rubus to imply an older settlement in Dewisland than
the one in the valley of the Alun. No one, however, has been able to
locate it and everything points to Vetus Rubus being the Hen-
fynyw in Ceredigion. Matters of this kind, while interesting in
themselves, are not of outstanding significance in the overall
picture. The all-important matter is that St. David and his
colleagues were 'campaigning' here in south-western Dyfed. The
word 'campaigning' is used advisedly in this context, for the Saints
from Henfynyw were not only fighting a battle for Christianity
against the paganism in their midst, but were campaigning also
against a real physical enemy — the Irish settlers who had taken
possession of the land. Archaeologists and historians have clearly
established the fact that an extensive area in south-western Dyfed
reaching from south of Aberaeron, on the coast, inland to include
the lower Teifi valley and western Carmarthenshire, and most of
north Pembrokeshire, was settled by Irish invaders in the fifth and
sixth centuries. They were the Deisi who had come from south-
eastern Ireland across the sea. There is evidence for a similar Irish
immigration into other parts of western Britain, clearly established
by the occurrence of a very large number of farm names and place
names of Irish origin. It is not only the place-name evidence that
indicates the Irish immigration into south-west Wales: in the same
area archaeologists have recorded a large number of Early
Christian inscribed stones, usually with bilingual inscriptions in
Latin and in ogham characters. The ogham indicates the use of the
Old Irish language on these tombstones.

Dewi Sant and his followers belonged to a very different
tradition. David, as we have noted, was of the family of Cunedda,
whose eight sons and one grandson were sent from the southern

Gymru gan y Rhufeiniaid i yrru'r ymfudwyr Gwyddelig allan o Ogledd Cymru yn arbennig. 'Roedd y gorchfygwyr hyn yn Geltiaid yn siarad tafodiaith P o'r iaith Gelteg, yn wahanol i dafodiaith Q y goresgynwyr Gwyddelig. Mae Cymraeg modern yn disgyn o'r dafodiaith P. Cyrhaeddai'r diriogaeth a orchfygwyd gan Gunedda a'i feibion, cyn dyddiau Dewi, i lawr at ddyffryn Teifi, ond wrth ymwthio i gyfeiriad y de-orllewin yn yr ymgyrch genhadol hon fe ellir dweud bod Dewi wedi parhau goruchafiaeth Cunedda ar Gymru yn yr Oesoedd Tywyll mewn modd eglwysig, a thrwy hynny wneud Cymru oll yn Gymraeg ei hiaith. Cyflwynwyd dadl gyffelyb gan y diweddar Syr John Edward Lloyd, yr hanesydd enwog o Fangor, lawer blwyddyn yn ôl ond ni ddatblygwyd mohoni na'i harddangos ar fap ganddo. Mae'n amlwg mai Dewi oedd prif ffigwr y bywyd crefyddol yn ne a gorllewin Dyfed (a ddaeth mewn cyfnod diweddarach yn Sir Benfro a gorllewin Sir Gaerfyrddin) erbyn diwedd ei oes. Mae'r ffaith iddo orffen goruchafiaeth Cunedda yn ddiwylliannol ac yn ieithyddol drwy gyfrwng ei eglwysi yn ddadl gadarn dros gydnabod y sant a sefydlodd Dyddewi yn Nawddsant Cymru.

Fel yr awgrymwyd eisoes, 'roedd ymgyrch Dewi yng ngorllewin Dyfed yn llwyddo, ond nis cyfyngwyd i gynnydd crefyddol, diwylliannol a ieithyddol yn unig, gan na ddylid anghofio bod llawer o wrthdaro corfforol hefyd. Mae Rhigyfarch yn adrodd un enghraifft sydd, er ein bod yn derbyn y manylion gyda pheth amheuaeth, yn ymddangos er hynny yn adlais dilys o sefyllfa hanesyddol ac yn taflu golau gwerthfawr ar y cefndir diwylliannol, cymdeithasol, a hyd yn oed filwrol, ar y pryd. Dyma amlinelliad o stori Rhigyfarch.

Ar ôl i Ddewi a'i gyfeillion gyrraedd y Vallis Rosina cyneuasant dân; fe esgynnodd y mwg a chwyrlïo o gwmpas y gymdogaeth a hyd yn oed ymhellach na hynny. Denodd hyn sylw Baia, Gwyddel yn ôl yr hanes, pennaeth lleol a derwydd. 'Roedd ei bencadlys mewn hen gaer wag o'r Oes Haearn yr oedd wedi ei meddiannu. Safai ar ochr ogleddol glyn Alun ar dir uchel gyferbyn â'r safle yr oedd Dewi wedi ei arfaethu ar gyfer ei fynachlog. Cynhyrfir y pennaeth a'i wraig gan haerllugrwydd y tresbaswr sydd i bob

Scottish border into Wales by the Romans towards the end of the Occupation to drive out the Irish immigrants into North Wales in particular. These Cunedda conquerors were Celtic peoples speaking the P dialect of Celtic speech as distinct from the Q dialect spoken by the Irish invaders. Modern Welsh descends from the P dialect. The territory conquered by Cunedda and his sons before David's time reached down to the valley of the Teifi, but in pushing south-westwards in this early missionary enterprise St. David may be said to have continued the Cunedda conquest of Wales in the Dark Ages in an ecclesiastical manner, thereby making all Wales Welsh in speech. A similar argument was put forward by the late Sir John Edward Lloyd, the distinguished Welsh historian in Bangor, many years ago but it was never followed up or cartographically demonstrated by him. It is clear that St. David dominated the religious scene in southern and western Dyfed (which became at a later period Pembrokeshire and western Carmarthenshire) by the end of his life. To have completed the Cunedda conquest of Wales culturally and linguistically through his churches is no mean argument for the Founder Saint of St. David's to be acclaimed the Patron Saint of Wales.

As already suggested, Dewi's 'campaign' in western Dyfed was proving successful, but it was by no means confined to religious, cultural and associated linguistic progress, for it must not be forgotten that there were several confrontations of a physical nature as well. Rhigyfarch narrates one example which, even if we accept the detail with some reserve, appears, nevertheless, as a genuine echo of an historical situation and highlights the cultural, social and even military conditions prevailing at the time. The outline of Rhigyfarch's story is as follows.

After St. David's party arrived in the Vallis Rosina they lit a fire and the smoke ascended and curled around the neighbourhood and even further afield. It attracted the attention of Baia, who we are told was an Irishman, a local chieftain and a druid. His headquarters was in an unoccupied Iron Age hill-fort of which he had taken possession. It lay on the north side of the Alun valley on high ground opposite the site which David had selected for his own future monastery. The chieftain and his wife on observing the smoke are incensed at the impudence of the intruder who is

golwg yn bwriadu ymsefydlu yno heb ganiatâd. Mae gwraig Baia
yn ei annog i gynnull ei filwyr a gyrru'r tresmaswr ymaith.
Oherwydd rhyw hud a lledrith mae'r gwŷr yn cael eu trechu ac yn
methu yn eu hymgyrch. Wrth ddychwelyd i wersyll Baia mae'r
dynion yn darganfod yr holl wartheg a'r defaid yn gorwedd yn
farw. Mae Baia'n penderfynu mynd at Ddewi a deisyf arno'n
ostyngedig i drugarhau wrtho ef, ei wŷr a'i anifeiliaid. Mae Dewi
yn adfywio'r gwartheg a'r defaid yn gyfnewid am gael meddiant
o'r safle yn y Vallis Rosina.

Er bod Baia yn barod i gyfaddawdu fel hyn, mae ei wraig yn
parhau'n elyniaethus ac yn penderfynu gyrru'r newydd-ddyfodiaid
ymaith ar ei phen ei hun. Mae hi'n defnyddio pob math o ddyfais i
wneud hynny — gan yrru ei chaethforynion i ymdrochi'n noeth o
flaen mynaich Dewi a gwneud ystumiau dengar. Mae hyn yn peri
cymaint o gywilydd i'r mynaich nes iddynt ymbil ar Ddewi i
ymadael â'r lle. Ond y mae yntau yn ei dro yn eu perswadio i sefyll
eu tir. Mae Dewi a'r mynaich yn ymprydio drwy gydol y nos ac yna
fe ddywed y Sant wrthynt, 'Ni sy'n aros. Baia sydd i fynd'. Ond
mae gwraig Baia yn dal yn gyndyn, ac yn cymryd ei llys-ferch i
lawr i lan yr afon ac yn ei haberthu yno i'r duwiau paganaidd.
Dylem gofio fod Baia yn cael ei alw'n dderwydd yn ogystal ag yn
bennaeth ac mae'r ffaith fod ei wraig yn barod i aberthu bod dynol
yn rhoi lliw i'r stori. Ar ôl hyn mae gwraig Baia yn ffoi ac yn
diflannu fel petai'r ddaear wedi ei llyncu. Mae Baia yn wyneb y
trychineb hwn yn penderfynu difetha Dewi ond y noson honno mae
goresgynnydd arall o Wyddel o'r enw Lisci (mae Lisci yn aros yn
Porth Lisgi, braich o fôr ar arfordir deheuol penrhyn Tir Dewi) yn
gwneud cyrch sydyn ar wersyll Baia ac yn torri ei ben; cyn bo hir
mae tân yn disgyn o'r nef ac yn llwyrlosgi'r gwersyll. Mae
Rhigyfarch yn diweddu drwy bwysleisio: 'Gwybydded pawb ladd
o'r Arglwydd Dduw Baia a'i wraig o achos Dewi' ac mae'n
ychwanegu, 'Gan fod llid gelynion wedi ei fwrw allan gan y Duw
daionus, fe adeiladodd y gymdeithas fynachaidd yn yr Arglwydd
fynachlog nodedig yn y fan lle rhagfynegodd yr angel'.

Mae'r hyn sy'n weddill o gaer Baia i'w weld heddiw, yn gaer
nodweddiadol o Oes yr Haearn, yn hirsgwar fwy neu lai o ran ei
siâp, yn clwydo ar fryn creigiog amlwg uwchlaw ffarm bresennol
Clegyr Boia tua milltir i'r gorllewin o ddinas Tyddewi. Achoswyd

apparently preparing to settle there without permission. Baia's wife urges her husband to collect his fighting men and drive the intruder away. The men appear to be mysteriously overcome and fail in their mission. On the soldiers' return to Baia's camp they find all the cattle and sheep lying dead. Baia now decides to approach David and humbly ask for mercy for himself, his men and his beasts. In return for obtaining possession of the Vallis Rosina site, David restores the cattle and sheep to life.

While he is in this way prepared to compromise, Baia's wife remains antagonistic and is determined to drive the newcomer and his monks away on her own. She adopts all manner of devices to do so — sending her female slaves to bathe naked in front of David's monks and behave in a suggestive manner. This annoys the monks so greatly that they implore David to leave, but he, in turn, persuades them to stay and face up to the situation. David and the monks fast all night and afterwards the Saint exclaims, 'It is we who remain, Baia must go'. But Baia's wife remains obdurate, takes her step-daughter down to the riverside, and sacrifices her to the pagan gods. Here we should remember that Baia is described in the narrative as a druid, as well as a chieftain, and his wife practising human sacrifice gives colour to the story. After this, Baia's wife decamps and mysteriously disappears. Baia, in face of this disaster, is resolved to destroy David, but that very night another Irish raider Lisci (the name survives as Porth Lisgi, an inlet on the south coast of St. David's Headland) invades Baia's camp without warning and cuts off the chieftain's head, and soon fire falls from heaven and speedily burns up the whole of the camp. Rhigyfarch concludes by emphasising, 'Let no one doubt that it was the Lord, for his servant David's sake, who struck down Baia and his wife', and proceeds to add, 'The malice of enemies having thus been expelled by the good God, the monastic community in the Lord built a notable monastery in the place which the angel had foreshown'.

What remains of Baia's fortress is to be seen today as a typical Iron Age hill-fort, roughly rectangular in shape, perched on a prominent rocky hill overlooking the present-day farmstead of Clegyr Boia about a mile west of St. David's city. The rocky

yr allt greigiog gan dalpiau mewnwthiol o gregigiau system cyn-Gambriaidd sy'n rheoli llwyfandir y rhan hon o arfordir Dyfed. Mae'n debyg fod pedwar cnap uchel o graig, dau ar gornel de'r hirsgwar a dau hanner y ffordd ar hyd ei ochrau dwyreiniol a gorllewinol, wedi eu cyd-gysylltu i wneud amddiffynfa artifisial (sy'n awr yn fryncyn gwair tua dwy droedfedd o uchder a phump neu chwech o led). Ni chynhyrchodd cloddio diweddar ddim ond offer Neolithig a 'does dim yn perthyn i Oes Gynnar yr Haearn nac i'r Oesoedd Tywyll — y cyfnod y perthynai Dewi iddo. Mae'r dystiolaeth a gawn o rannau eraill y Môr Celtaidd yn awgrymu mai'r hyn a ddigwyddodd yno oedd hyn: byddai i'r goresgynwyr mewnfudol feddianu ceyrydd bychain ac amddiffynfeydd dan bum erw, fel rheol, sef rhai tebyg i Glegyr Boia, a adawyd yn wag lawer cenhedlaeth ynghynt. Ychydig o olion eu preswyl a adawyd gan y goresgynwyr gan fod ymosodiadau cyson ar y ceyrydd gweigion hyn yn yr Oesoedd Tywyll, fel yr awgryma stori Clegyr Boia.


Er nad yw'r dystiolaeth archaeolegol, felly, nac yn cadarnhau nac yn negyddu'r stori am Baia a Dewi, mae'n amlwg fod y dystiolaeth dopograffig yn ei chadarnhau — caer Baia ar war glan ogleddol afon Alun, y glyn dwfn islaw a'r mwg yn esgyn ar fachlud haul. Nid y prif nodweddion topograffig yn unig a adlewyrchir yn y stori ond y rhai llai hefyd. Yn rhyfedd iawn mae fersiwn Cymraeg ancr Llanddewibrefi yn aml yn rhoi mwy o fanylion nag a wna Rhigyfarch. Dywed am y modd yr eisteddodd Baia mewn gofid a dicter o'r bore hyd awr gosber heb fwyd, heb ddiod, mewn pant ar graig uchel yn ei gaer, wedi gweld y mwg o dân y mynaich. Gallasai hyn yn hawdd gyfeirio at un o'r pedwar cnap o graig uchel a fu'n gymorth i ffurfio amddiffynfeydd artiffisial y gaer.


Wrth droi oddi wrth y stori am yr ymryson wyneb-yn-wyneb rhwng Dewi a Baia yn Nhyddewi, ni allwn lai na sylwi ar bwyslais cadarn Rhigyfarch fod Dewi yn benderfynol o ddal ei afael ar y safle. Fel y gwelsom, 'roedd yn gwbl ddiysgog: 'Ni sy'n aros. Baia sydd i fynd'. Ni allwn lai na chredu na fyddai Dewi, wrth edrych ar y byd o'i gwmpas yn ymwybodol o bwysigrwydd economaidd ei

hillside results from the projecting masses of intrusive rocks of the Pre-Cambrian system which, as we have seen, dominate the plateau surface in this part of coastal Dyfed. It would appear that four high bosses of rock, two at the southern corner of the rectangle and two about halfway along its eastern and western sides, have been linked to form an artificial defence (now a grass-grown bank about two feet high and five to six feet wide) which runs uninterruptedly on three sides of the enclosure. Modern excavations on the site have yielded only Neolithic tools and implements, and there is nothing appertaining to the Early Iron Age, or to the Dark Ages, which would be the time in which Baia and David lived. What evidence we have from other parts of the Irish Sea area suggests that what happened there was that the incoming invaders would occupy small forts and defended sites, usually under five acres in extent (as in the case of Clegyr Boia), which had been abandoned many generations before. The wandering raiders left little material evidence of their occupation, as these abandoned forts were constantly attacked in the Dark Ages as the story of Clegyr Boia seems to suggest.

While the archaeological evidence, therefore, in this case, neither confirms nor negates the Baia-David story, it is obvious that the topographical evidence strongly supports the story — the Baia fort up on the high northern bank of the river Alun, the deep-set valley below with the smoke rising upwards at sunset. Indeed, it is not only the major topographical features that are reflected in the story but also the minor ones. Strangely, the anchorite's Welsh version frequently gives more detail than does Rhigyfarch. It tells how Baia, when he saw the smoke from David's settlement rising to the sky, sat 'in sorrow and rage from morn till vespers without either food or drink on a hollow in a high rock in his fort'. This could easily refer to one of the four bosses of high rock that we have noted that helped to form the artificial defences of the enclosure.

In leaving the story of the confrontation between David and Baia at St. David's, we cannot but be impressed by the fact that Rhigyfarch stresses in no uncertain manner that David is determined to hold on to the site. As we have seen, he is adamant: 'It is we who stay: Baia must go'. It is inconceivable in light of the conditions at that time prevailing in the area that David would be

sefydliad bychan a'i borthladdoedd prysur lle saif Tyddewi heddiw. 'Roedd gorynys Tir Dewi, a Thyddewi yn sefyll ar y trwyn yn bentir daearyddol naturiol, lle'r oedd llwybrau'r môr yn ymgysylltu â ffyrdd pwysig y tir ar draws De Cymru. Dilynai'r briffordd fôr orllewinol arfordir Iwerydd gorllewin Ewrop, gan gyffwrdd â Thyddewi a mynd rhagddi ar draws Bae Ceredigion i Ogledd Cymru ac Ynys Manaw. 'Roedd y briffordd hon yn troi wrth Gulfor Gibraltar i mewn i'r Môr Canoldir, gan gyffwrdd â thiroedd Gogledd Affrica a'r Aegean a'r Lefant. Hefyd, 'roedd nifer o lwybrau môr lleol yn cysylltu Tyddewi â de a de-ddwyrain Iwerddon ar y naill law ac â Chernyw a Llydaw ar y llall. Rhaid cofio hefyd bod y drafnidiaeth o amgylch arfordir Sir Benfro i mewn i ardal Môr Hafren yn bwysig iawn yn Oes y Seintiau. Mae'r llwybrau môr hyn wedi eu mapio'n ofalus gan archaeolegwyr modern yn sgîl darganfod gwahanol fathau o arfau, offer, a chrochenwaith yn enwedig.


Y llwybrau tir traddodiadol a arweiniai i Dyddewi oedd y rhai o ganolbarth Cymru ac arfordir gogledd Penfro; un hynafol iawn islaw'r Preseli, a'r llwybr tra phwysig ar hyd arfordir De Cymru ar draws aberoedd Llwchwr, Gwendraeth, Tywi a Thaf, i'r gogledd-orllewin tuag at Dyddewi. Ychydig sy'n aros nawr o'r porthladdoedd a fu unwaith mor llewyrchus — Porth Mawr a Phorth Glais. Er mai bychain ydynt i'n tyb ni heddiw, rhaid cofio bod eu hanes yn mynd yn ôl ymhellach na dyddiau Dewi hyd y cyfnod cyn-hanes. Dangosodd tystiolaeth archaeolegol ymhellach fod prysurdeb ar hyd lwybrau môr gorllewin Prydain wedi cynyddu'n ddirfawr pan aflonyddwyd ar iseldir Prydain gan oresgynwyr yn ymosod ar yr hyn oedd yn weddill o'r gorffennol Rhufeinig; ac felly fe gawn Ddewi, yng nghyfnodau bore Cristnogaeth, yn codi ei fynachlog ar safle oedd yn drobwll trafnidiaeth. A barnu wrth leoliad yr eglwysi a'r capeli bychain sy'n dwyn ei enw ef ac enwau rhai o'i deulu a'i gymdeithion agosaf, mae'n ymddangos eu bod byth a hefyd ar grwydr ac yn gwneud y defnydd gorau posibl o'r cyfleusterau cyfathrebu rhagorol a oedd ar gael yn Nhyddewi. (Ffig. VI). Y mae eithriadau

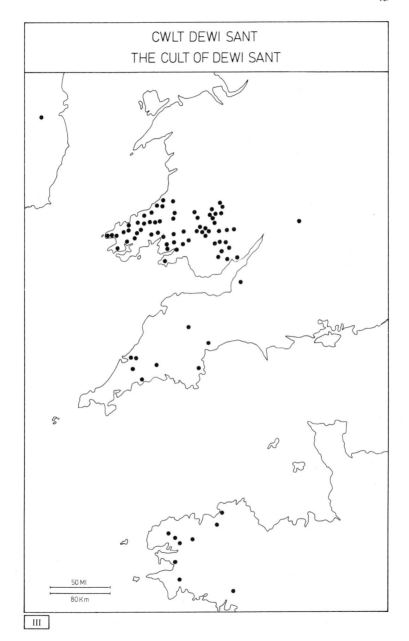

CWLT DEWI SANT
THE CULT OF DEWI SANT

50 MI
80 Km

III

44

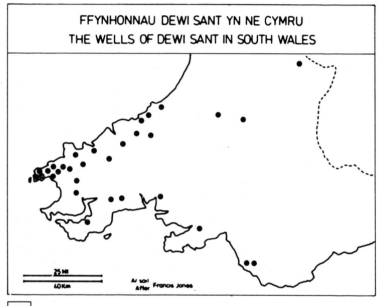

FFYNHONNAU DEWI SANT YN NE CYMRU
THE WELLS OF DEWI SANT IN SOUTH WALES

25 Mil
60 Km

Ar sail
After Francis Jones

IV

unaware of the economic importance of the little settlement and its busy harbours, which existed where the city of St. David's stands today. The Dewisland peninsula, on the tip of which St. David's stands, was geographically a natural pierhead where the sea routes were in contact with important land routes across South Wales. The main western sea route followed the Atlantic coasts of western Europe and touched upon St. David's before proceeding across Cardigan Bay to North Wales and the Isle of Man. This main route branched at the Straits of Gibraltar to lead into the Mediterranean (touching North Africa and the Aegean and Levantine lands). There were several local sea-routes as well, bringing St. David's into contact with south and south-eastern Ireland, on the one hand, and with Cornwall and Brittany on the other. We must not forget either the traffic around the Pembrokeshire coast into the Bristol Channel area which was very important in the Age of the Saints. All these sea routes have been carefully mapped by modern archaeologists following finds of different kinds of weapons, implements, and especially pottery.

The traditional land routes focusing on St. David's Head were those from Mid-Wales and from the North Pembrokeshire coast; a very ancient one beneath the Preseli, and the very important route following the length of the South Wales coast across the estuary lands of the Llwchwr, the Gwendraeth, the Tywi and the Taf north-westwards towards St. David's. Little now remains of the once prosperous harbours themselves, Porth Mawr and Porth Glais. Small as they now appear to us, it must be remembered that their history reaches back beyond the days of St. David well into prehistoric times. Archaeological evidence further points to the fact that when conditions were disturbed in lowland Britain (as they were when Anglo-Saxon raiders descended on what remained of the Roman past), activity along the sea routes of western Britain rapidly increased in intensity, so that in early Christian times we find St. David placing his new monastery on the site of a veritable 'Piccadilly Circus'. Judging by the distribution of churches and little chapels bearing his name, and those of his family and immediate colleagues, it would appear that they were constantly on the move and making the fullest use of the admirable communications then existing at St. David's (see Fig. VI). There

i'r gosodiad cyffredinol hwn, wrth gwrs, ond gellir deall hyd yn oed y rhain yng ngolau'r sefyllfa boliticaidd bryd hynny.

O ran de-ddwyrain Iwerddon — yn union ar draws y Môr Celtaidd — ni ellid disgwyl y byddai Dewi wedi gadael argraff ddofn ar ei ôl yno, o gofio ei agwedd draddodiadol at y Gwyddelod, yn enwedig y Deisi a drigai yno ac a oedd wedi ymosod ychydig ynghynt ar dde-orllewin Cymru. Mae hanes cyfoes, a chyfeiriadau ym *Muchedd Dewi* yn enwedig, yn ein sicrhau bod Celtiaid Cristnogol de Iwerddon yn dod at Ddewi i Fynyw yn hytrach na'i fod yntau'n ymweld â nhw. Felly nid oes ond un eglwys yn ne-ddwyrain Iwerddon sy'n dwyn ei enw heddiw. Hon yw'r eglwys yn Naas yng Nghildâr y tu allan i diriogaeth y Deisi ar y pryd.

'Roedd pethau'n wahanol ar lannau Môr Hafren. Cawn eglwysi Dewi yng Ngwlad yr Haf, Dyfnaint a Chernyw, ac i fyny ar hyd Dyffryn Hafren, hyd yn oed, a'r dyffrynnoedd sy'n ymagor iddo, i fyny at Moreton-in-the-Marsh yn Sir Gaerloyw heddiw. Mae'r eglwysi sydd wedi eu lleoli ar orynys Cernyw a Dyfnaint yn gorwedd yn agos i'r llwybrau ar draws yr orynys a gerddai Dewi a seintiau eraill o Dde Cymru ar eu ffordd i ogledd a gorllewin Llydaw. Yn y cyswllt hwn fe geir eglwysi Dewi o fewn cyrraedd i'r llwybr o Padstow i Fowey ar draws gorynys Cernyw.

Yn Llydaw fe geir eglwysi Dewi yng ngogledd yr orynys yn enwedig yn Léon a thu ôl i'r aberoedd niferus sy'n wynebu'r gorllewin yn Finisterre ac sy'n dangos unwaith eto pa mor bwysig oedd y môr. Mae'n werth cofio hefyd i ymfudwyr o orllewin Dyfed (gan gynnwys Tir Dewi) ymsefydlu yng ngogledd Llydaw. Y prif sefydliad ar yr arfordir oedd dinas St. Pol de Léon a gafodd ei henwi felly i goffáu un o athrawon Dewi, St. Paul Aurelian o Landdeusant. Ymgartrefodd ef yno ynghyd â saint eraill o ardaloedd gogleddol yr hen Sir Gaerfyrddin, a adawodd eu henwau hwythau yng nghefn gwlad gogledd Llydaw.

Mae'n amlwg felly i'r tir o gwmpas y Môr Celtaidd deheuol yn amser Dewi ymffurfio'n deyrnas forwrol Geltaidd Gristnogol, a'i chanolbwynt yn ddiamau oedd Tyddewi. Hyn sy'n cyfrif am bwysigrwydd amlwg y lle a'i sefydlydd. Cofiwn fod Rhigyfarch,

are, of course, some exceptions to this generalisation, but even these can be understood in light of the political situation at the time.

As far as the south-eastern area of Ireland was concerned — just across the Irish Channel — it is not to be expected that St. David would have left a strong impress there in view of his traditional attitude towards the Irish, and especially towards the Deisi who dwelt in these parts and had invaded south-west Wales so recently. Contemporary accounts and especially allusions in the *Life* of David make it certain that Celtic Christians in southern Ireland came to St. David in Menevia rather than he to them. So it is that today only one church in south-eastern Ireland bears his name. This is the church at Naas in Kildare situated outside the then territory of the Deisi.

Things were different in the Bristol Channel area. We find David churches in Somerset, Devon and Cornwall and spreading even up the Severn valley and its tributary valleys to Moreton-in-the-Marsh in modern Gloucestershire. The churches located at the south-western part of the peninsula in Cornwall and Devon are clearly related to the transpeninsular crossings carrying St. David and other saints from South Wales en route to northern and western Brittany. In this context St. David's churches are found in contact with the well authenticated Padstow — Fowey transpeninsular route across Cornwall.

In Brittany, the David churches are found in the northern part of the peninsula, especially in Léon, and behind the many western-facing estuaries in Finesterre, thereby indicating once more the significance of the sea. It is worth remembering also that emigrants from the western parts of Dyfed (including Dewisland) also settled in northern Brittany. The chief coastal settlement was the city of St. Pol de Léon, named after one of St. David's teachers, St. Paul Aurelian from Llanddeusant. He settled there with other Celtic Saints from the area which became north Carmarthenshire, who have also left their names in the north Breton countryside.

It is clear, therefore, that in the days of St. David the lands around the southern Irish Sea Basin formed a Celtic Christian thalasocracy whose centre was unquestionably at St. David's. This accounts for its outstanding importance and that of its founder. We

ar ôl disgrifio Dewi'n gorchfygu Baia a'i wraig, yn mynd rhagddo i
ddweud sut y bu i'r fintai sefydlu mynachlog fawr ar y safle
newydd. Mae'r hanes yn swnio'n debyg iawn i fuddugoliaeth
filwrol ac uchafbwynt gorchest ymgyrch. Cymaint oedd y pwys a
roddai Rhigyfarch ar sancteiddrwydd Dewi nes iddo neilltuo naw
pennod (sef naw paragraff) i ddisgrifio bywyd bob dydd yn y
fynachlog. Y farn heddiw yw bod hynny'n ddisgrifiad byw a
manwl gywir o'r bywyd beunyddiol mewn mynachlog Geltaidd yn
y chweched ganrif ac y gellir ei ystyried yn hanes dilys.

O edrych ar y darlun o safbwynt hanes, fe gofiwn fod
gwreiddiau'r fynachaeth gyflawn hon yn anialwch yr Aifft lle
gwelwyd, i gychwyn, dueddiadau meudwyol cryf ac unigolion yn
byw o dan amodau caled mewn ogofâu a thyllau yn y ddaear, yn
ymgosbi'n llym i'w gwaredu eu hunain rhag profedigaethau'r
corff. Treulient eu holl amser mewn mawl, gweddi a myfyrdod.
Yn ddiweddarach, gwelwyd datblygiad pellach pryd yr ymgasglai
dau neu dri ac efallai fwy o unigolion gyda'i gilydd i hwyluso
cyffesu pechodau a hyd yn oed ymgosbi'n gorfforol. Yn nhreigl
amser fe gynyddodd y cymunedau hyn mewn maint a lledaenu dros
yr anialwch i diroedd mwy tymherus. 'Roedd syniadau
mynachaidd yn ddigon hysbys yn ne Ffrainc ac wedi eu haddasu ar
gyfer yr amgylchiadau yno. Yr un pryd yr oedd dynion fel John
Cassian a Sant Honoratus ar ynysoedd oddi ar ddelta'r Rhôn yng
ngorllewin y Môr Canoldir wedi dwysáu'r ochr ddefosiynol.
Y ddelwedd fynachaidd hon, wedi cymedroli peth arni, a ledodd ar
hyd aberoedd gorllewin Gâl i dde Iwerddon a gorllewin Prydain.

Gymaint oedd pwysigrwydd llwybrau'r môr fel yr
atgyfnerthwyd y mynachlogydd hyn yn y Gorllewin gan
gysylltiadau economaidd â dwyrain y Môr Canoldir a'r Lefant
(gweler Ffig. V). Yn naturiol, felly, fe welir nifer o nodweddion
Eifftaidd a dwyreiniol yn nisgrifiad Rhigyfarch o fywyd ym
mynachlog Dewi. Pwysleisir llafur caled a llymder y bywyd
mynachaidd. Mae i'r olaf islais Eifftaidd clir ond iddo gael ei
addasu ar gyfer bywyd yn y Gorllewin. 'Roedd Dewi ei hun,
ynghyd â'i fynaich, yn ymgosbi'n llym; yn mynd i'r afon yn

recall that after describing David's triumph over Baia and his wife, Rhigyfarch proceeds to depict the party establishing a large monastery on the new site. His account reads very much like a military victory and the climax of an expedition's achievement. So important does Rhigyfarch consider David's saintliness, as demonstrated in this narrative by his zeal for the monastic life, that he has devoted nine chapters (or paragraphs) to describing the day-to-day life in the monastery. Modern writers are of the opinion that this account is a vivid, intimate and authentic description of daily life in a Celtic monastery in the sixth century and can be considered as real history.

If we look at the picture historically we remember that this full monasticism had its origins in the Egyptian desert where initially strong eremitical tendencies are seen, with solitary individuals, living under harsh conditions in caves and holes in the ground, practising severe privations to allay the temptations of the flesh. They spent their whole time in praise, prayer and meditation. Later, a second stage occurred when two or three or possibly more individuals gathered together so that opportunities existed for confession of sins and even for physical chastisement. As time progressed, these communities grew in size and spread outside the desert areas into more temperate lands. Monastic ideas were well-known in southern France and were adapted to more temperate lands and conditions, while at the same time deepening the devotional side, by men such as John Cassian and St. Honoratus in the islands off the Rhône delta in the western Mediterranean. It is this monastic conception in its modified form that spread by way of the estuaries of western Gaul to southern Ireland and western Britain.

So great was the importance of the sea routes that these new monasteries in the West were reinforced by direct contacts of an economic nature with the eastern Mediterranean and the Levant (see Fig. V). Naturally, therefore, many Egyptian and eastern traits are to be found in Rhigyfarch's description of life in St. David's monastery. Emphasis is placed on hard manual labour and on the austerities of the monastic life. The latter have distinct Egyptian undertones following from an adaptation to western conditions. David himself, together with his monks, practised severe

nhrymder gaeaf hyd yn oed ac yn aros yno yn y dyfroedd oer am gyfnodau hir. 'Roedd bywyd yn fain hefyd o ran bwyd a diod. Disgwylid i'r fynachlog ei chynnal ei hun a phawb yn rhannu ymborth syml, a'u prydau o fara, llysiau a dŵr, heb ond ychydig o amrywiaeth ar gyfer yr hen a'r afiach, pryd y darperid pysgod neu fwyd ysgafn arall. Fe adweinid Dewi ei hun y tu allan i'r fynachlog fel un o'r *Aquati* neu Ddyfrwyr, yn byw ar bysgod yn hytrach na chig ac yn yfed dŵr yn hytrach na gwin. 'Wrt ddynwared mynaich yr Aifft', ebe Rhigyfarch, 'yr oedd ei fuchedd yn debyg i'r eiddynt hwy'. Gwisgai ddillad syml i'r eithaf: crwyn anifeiliaid, ac yn y gaeaf yn unig y gwisgai grwyn blewog.

Ystyrid gwaith yn ddisgyblaeth grefyddol. Gweithiai pawb yn galed â'u dwylo a'u traed gan ddefnyddio caib a rhaw ac offer amaethu cyntefig eraill. Credai Dewi y dylai pob mynach weithio'n egnïol bob dydd, nid yn unig am fod yn rhaid i'r fynachlog fod yn hunan-gynhaliol ond hefyd am fod gwaith ynddo'i hun yn ddisgyblaeth lem. ' 'Roedd gorffwys diog yn eplesu ac yn magu pechodau, a rhoddodd iau ddwyfol ar ysgwyddau ei fynaich'. A gwnâi waith tebyg ei hunan. Dywedir y gallai dynnu'r aradr â'r iau ar ei ysgwyddau cystal ag unrhyw ych. Mae'n amlwg mai darlun gorllewinol yn hytrach nag un dwyreiniol yw hwn.

Ffynnai math o gomiwnyddiaeth gyntefig hefyd. Dirmygid meddiannau ac 'roedd ganddynt bopeth yn gyffredin. Ystyrid tlodi gwirfoddol yn un o'r rhinweddau Cristnogol mwyaf — pawb yn gweithio'n galed, heb fod yn berchen ar ddim.

'Roedd gan y fynachlog eglwys fechan lle'r addolai'r mynaich yn feunyddiol. Gwelid dylanwadau'r Dwyrain yn amlwg yma eto gan fod mynychu'r eglwys yn golygu gwylnosau a gweddïau a phenlinio am ryw dair awr. Wrth sôn am weddill y gwasanaeth eglwysig mae Rhigyfarch yn cyfeirio at lawer defod sy'n awgrymu patrymau addoli'r Oesoedd Canol, a nodweddai Eglwys Rufain yn ei gyfnod ef ei hun. Oherwydd bod Cristnogaeth Geltaidd yn ganlyniad i broses o briodi'r patrwm Rhufeinig a'r elfennau ymwthiol o'r Dwyrain, yn ôl pob tebyg, y mae'r sôn am y Plygain, y Cymun Bendigaid a'r gwasanaethau eglwysig eraill yn rhan o ddarlun Rhigyfarch. Nid yw'r disgrifiad o'r bywyd beunyddiol yn sôn fawr ddim am wybodaeth a dysg llyfrau, a dim o gwbl am y

privations, entering the river even in the depth of winter and standing there for long periods in the cold water. There was austerity also regarding food and drink. The monastery at St. David's supported itself — all sharing a simple fare with meals of bread, herbs and water varied only a little for those of advanced age or in poor health, when fish or other light food would be provided. St. David himself was known outside the monastery as one of the *Aquati* or Watermen, drinking water rather than wine and eating fish rather than flesh. 'In imitating the Egyptian monks he led a life similar to theirs', says Rhigyfarch. His clothing, too, was simple in the extreme, consisting of animal skins, with furs only in winter time.

Work was looked upon as a religious discipline. Everyone worked hard in the fields with his hands and feet, using mattocks and spades as well as other primitive agricultural implements. David maintained that every monk should toil at daily labour not only because the monastery had to support itself, but also because work was a harsh discipline in itself. 'Untroubled rest was the formenter and mother of vices — he subjected the shoulders of the monks to divine fatigues', and practised the same himself. He was said to be able to draw the plough with the yoke on his shoulders as well as any oxen — this is clearly a western rather than an eastern picture.

A kind of primitive communism also prevailed. Possessions were regarded with disdain, so that everything was shared in common and voluntary poverty was regarded as one of the highest Christian virtues — everyone working hard and owning nothing.

The monastery possessed a little church which the monks attended daily. Eastern influences were apparent in that attendance at church consisted of watchings, prayers and genuflections lasting about three hours. For the rest of the church service Rhigyfarch mentions many items that suggest medieval patterns of worship typical of the Roman Church in his day. This is probably indicative of the fact that Celtic Christianity is, indeed, a fusion of the older Roman pattern and intrusive Eastern elements, so that Matins, the Eucharist and other church services take their place in Rhigyfarch's picture. The description of day-to-day life makes little mention of

llythrennu a'r gwaith celfydd a nodweddai'r mynachlogydd mawr ar draws y môr yn Iwerddon, ac yn wir fynachlog ei dad ei hun yn Llanbadarn. Y cyfan a ddywedir wrthym yw hyn. 'Pan ddarfyddai'r gwaith y tu allan, fe ddychwelai'r mynaich i'w celloedd a threulio'u hamser yn darllen neu'n ysgrifennu neu'n gweddïo'. Gymaint oedd y pwyslais ar waith ac addoli fel na chaniateid unrhyw ymddiddan diangen. Ceir gwrthgyferbyniad trawiadol dros ben rhwng y diffyg pwyslais ar ddysg llyfr yn Nhyddewi yn amser Dewi a'r ysgolheictod ysgrythurol a chlasurol a gysylltir â Sant Illtud a Sant Cadog yn eu mynachlogydd yn ne-ddwyrain Cymru yn y cyfnod hwnnw. Fe ellir esbonio'r gwahanaieth, mae'n sicr, drwy ddweud bod dylanwad Rhufeinig ymerodraethol cryfach yn y de-ddwyrain o'i gymharu â dylanwad llai Rhufeinig yn y gorllewin.

Uwchlaw pob dim, ymddengys fod Dewi mewn cysylltiad â phobl y tu allan i'r fynachlog. Mae'n sicr nad anghofiodd mynaich Tyddewi y doniau Cristnogol o gynorthwyo'r tlawd, yr anghenus a'r amddifad. Dywedir wrthym mai un o'u gorchwylion beunyddiol oedd porthi'r di-gartref, y gweddwon, y gwan a'r llwm eu byd, a phob pererin ar ei daith. Fe ymgasglai'r rhain o dan furiau'r fynachlog. Ar wahân i'r darlun o Ddewi ar grwsâd efengylu gartref neu dros y môr, credai'r Celtiaid Cristnogol y dylid cyhoeddi enw da eu harweinydd mewn gwledydd tramor, fel y gellid annog, ynghyd â'r rhai o isel radd a'r tlodion, 'Brenhinoedd a Thywysogion y byd hwn i roi'r gorau i'w teyrnasoedd er mwyn coleddu bywyd mynach, fel y gwnaeth Cystennin, Brenin gwŷr Cernyw'.

## III   SENEDD BREFI

Diau mai hanes Senedd Brefi yw uchafbwynt stori Rhigyfarch. Mae Dewi wedi cyrraedd y swydd uchaf un, wedi ei gymeradwyo gan bawb, ei ddyrchafu'n archesgob a'i fynachlog yn cael ei chydnabod yn fetropolis yr holl wlad, a'i holl olynwyr i'w cydnabod dros byth yn archesgobion. Dylem felly edrych ar y rhan yma o stori Rhigyfarch yn lled fanwl gan y dichon i ni fod yn

book knowledge and book learning and nothing at all of lettering or artistic work, which characterised the great Irish monasteries across the water and his own father's monastery at Llanbadarn as well. All we are told is that 'when outside labour was finished the monks returned to their cells and spent their time in reading or writing or praying'. Such was the concentration on work and worship that, at all times, no conversation beyond what was absolutely necessary was permitted. The lack of emphasis on book knowledge at St. David's in David's time stands out in marked contrast to the great learning of the Scriptures and the Classics associated with St. Illtud or St. Cadoc at their monasteries in south-eastern Wales at this time. The difference is most certainly to be explained by the stronger Roman Imperial underlay in the south-east as compared with the less Romanised character of the underlay in west Wales.

Above all else, David seems to be in contact with people outside the monastery. The monks of St. David's certainly did not forget the Christian virtues of helping the poor, the needy and the bereft. We are told that it was one of their daily functions to feed the orphans, widows, the weak and the needy, 'and all pilgrims on their travels'. All such gathered daily beneath the monastic walls. Apart from the picture of St. David on a preaching crusade at home or overseas, these Celtic Christians also strongly believed that the good name of their leader Dewi Sant should be heard abroad, so that, in addition to the lowly and the dispossessed, 'the Kings and Princes of this world would be encouraged to abandon their kingdoms for the monastic life as did Constantine, King of the Cornishmen'.

## III  THE SYNOD OF BREFI

The account of the Synod of Brefi is clearly the climax of Rhigyfarch's narrative. David has reached the highest office. He is acclaimed by all and made Archbishop, his monastery declared the metropolis of the whole country, and his successors there accounted archbishops thereafter. It is clear, therefore, that we should examine this part of Rhigyfarch's story in some detail as we

dystion i ddigwyddiad tra phwysig nid yn unig ym mywyd Dewi ei hunan ond yn holl hanes Cymru. Rhaid archwilio'r hanes yn ofalus a gweld yn arbennig i ba raddau y gallwn ei dderbyn fel cofnod o ddigwyddiad a all fod yn hanesyddol. Mae'r darnau perthnasol o waith Rhigyfarch sy'n ymwneud â'r Senedd i'w cael mewn pedwar paragraff (a elwir yn aml yn benodau) yn ei lyfr, sef paragraffau 49, 50, 52 a 53. Yn gyntaf, fe roddir cyfieithiad rhydd o destun Lladin y paragraffau dan sylw ac esboniad beirniadol ar y materion sy'n cael eu cynnwys wedi hynny.

Dyma grynodeb o gynnwys penodau 49 a 50 sy'n sôn am y rhannau rhagarweiniol:

Gan fod heresi Pelagius, er gwaethaf cymorth Sant Garmon yr eildro, yn codi ei ben eto gan chwistrellu ynni ei styfnigrwydd, fel gwenwyn marwol sarff, i berfeddion gwlad, mae senedd gyffredinol o holl esgobion Prydain yn cael ei galw. Felly, â chant a deunaw o esgobion wedi ymgynull ynghyd, fe ddaeth torf aneirif o bresbyteriaid, abadau ac eraill, Brenhinoedd, Tywysogion, lleygwyr, gwŷr a gwragedd fel bo'r fyddin enfawr hon yn gorchuddio'r lleoedd o gwmpas. Mae'r esgobion yn sibrwd yng nghlustiau ei gilydd gan ddweud, 'Mor lluosog yw'r dorf fel na all llais utgorn, chwaethach llais dyn, seinio yng nghlustiau pawb. Ac felly ni fyddir yn mennu ar (neu fe gythruddir) y bobl gan y pregethu ac fe gludant yr haint hereticaidd gyda hwy wrth ddychwel tuag adre.' Trefnir felly i bregethu i'r bobl fel hyn: fe bentyrrir cruglwyth o ddillad ar dir uchel er mwyn sefyll a phregethu oddi uchod; a phwy bynnag a gynysgaeddid â'r ddawn ymadrodd fel y clywid ei araith gan glustiau'r sawl a safai o hirbell, hwnnw ddylid ei wneud yn archesgob ar y wlad drwy gydsyniad pawb. Yna, yn y man apwyntiedig, a'i enw Brefi, ceisiant bregethu ar dwr dyrchafedig o ddillad ond prin y mae llais, sy'n cael ei lyncu fel petai yn y gwddf yn cyrraedd y rhai nesaf oll. Mae'r bobl yn aros am y gair ond ni chlyw'r mwyafrif mohono. Mae'r naill ar ôl y llall yn ceisio traethu ond does dim yn tycio. Mae'r anhawster yn cynyddu. Ofnir y bydd i'r bobl ddychwelyd i'w cartrefi a'r heresi heb ei thrafod. 'Pregethasom,' meddant, 'ac nid yw ddim llesâd i neb. Mae ein holl ymdrech yn ofer'. Cyfyd un o'r esgobion o'r enw Paulinus. Bu'r esgob

may be witnessing a very important event not only in the life of St. David himself but in the history of the whole of Wales. It is necessary to examine the narrative closely and particularly to see to what extent we are able to accept it as a record of a possible historical occurrence. The relevant portions of Rhigyfarch's work dealing with the Synod in progress cover four paragraphs (often called chapters) of his text. They are Chapters 49 and 50 and Chapters 52 and 53. First of all a free translation of the Latin text of the relevant chapters will be given, followed by a critical commentary on the matter they contain. The English translation of the original is that by the Rev. A. W. Wade-Evans published in 1923 which is completely adequate for our purposes.

Chapters 49 and 50 deal with the preliminaries and read as follows:

> Because after the aid of St. Germanus for the second time the Pelagian heresy was reviving, introducing the vigour of its stubborness, like the venom of a poisonous serpent, into the inmost joints of the country, there gathers a universal synod of all the bishops of Britannia. Accordingly, one hundred and eighteen bishops having assembled, there came an innumerable multitude of presbyters, abbots, and other orders, Kings, Princes, Laics, men and women, so that this vast army covered all the places round about. The bishops whisper among themselves saying, 'So great is the multitude that not only a voice, but even a trumpet's call will fail to sound into the ears of everybody. Consequently, almost the whole of the people will be unaffectéd (or alienated) by the preaching, and will carry the heretical taint back with them as they return home'. It is arranged, therefore, to preach to the people in this manner, that a heap of garments should be piled up on high ground, whereon one should stand and preach from above; and whosoever should be endowed with such gift of speech that his discourse sounded into the ears of all, who stood afar off, should be made with universal consent metropolitan archbishop. Then, at the appointed place, the name of which is Brevi, they endeavour to preach on a raised tower of garments, but scarcely does speech, being swallowed as it were in the throat, reach the very nearest. The people wait for the word, but for the most part hear it not. One after another tries to expound, but they avail nothing. The difficulty increases. They fear the people will return to their homes with the heresy undiscussed, 'We have preached' they say, 'and have no gain. And so our labour is rendered void'. One of the bishops, called Paulinus, rises, with whom

Dewi Sant yn dysgu ganddo, a dywedodd, 'Mae yna un a wnaed yn esgob gan y Patriarch nad yw eto wedi ymddangos yn ein Senedd, gŵr huawdl, yn llawn gras, yn gymeradwy ei grefydd, gŵr a chanddo angel yn gydymaith, gŵr cariadlawn, hardd o bryd a gwedd, urddasol ei osgo, yn bedwar cufydd o daldra ar ei draed. Fy nghyngor i yw — ewch a galwch ef'.

Fe ddanfonir cenhadau yn ddi-oed. Deuant at yr esgob sanctaidd. Cyhoeddant eu neges. Mae'r esgob sanctaidd yn gwrthod eu cais gan ddweud, 'Na themtied neb fi. Pwy ydwyf fi i wneud yr hyn ni allant hwy eu wneud? 'Rwyf yn cydnabod fy annheilyngdod. Ewch yn eich ôl mewn tangnefedd'. Danfonir y cenhadau yr ail a'r trydydd tro, ond nid yw Dewi'n cydsynio. Danfonir Deiniol (Daniel) a Dyfrig (Dubricius). Mae Dewi yr esgob wedi rhagweld hyn oll drwy ysbryd proffwydoliaeth a dywed wrth y brodyr, 'Heddiw mae gwŷr tra sanctaidd yn ymweld â ni. Derbyniwch hwynt a'ch bryd yn llawen. Mynnwch bysgod, bara a dŵr.' Mae'r esgobion yn cyrraedd. Cyfarchant ei gilydd ag ymddiddan sanctaidd. Rhoddir pryd o fwyd o'u blaen. Addunedant na fwytânt yn ei fynachlog oni ddychwel Dewi gyda hwy i'r Senedd. Wrth glywed hyn, fe etyb y Sant, 'Gwrthod nis gallaf. Bwytewch ac fe awn i'r Senedd gyda'n gilydd ond ni fedraf bregethu ar yr achlysur hwn. Eto, â'm gweddïau mi geisiaf roddi ychydig gymorth'.

Mae penodau 52 a 53 yn deilo â Dewi Sant yn y Senedd.

Daw i mewn i'r Senedd ac mae cwmni'r esgobion yn llawenhau. Mae'r bobl yn llon a'r lluoedd yn gorfoleddu. Gofynnir iddo bregethu. Ni wrthyd yntau air y cyngor. Erchir iddo esgyn i dwmpath y dillad ond nis gwna. Mae'n erchi i'r llanc atgyfodedig i daenu ei gadach poced o dan ei draed. Ar hwn y mae'n sefyll ac yn dehongli'r efengyl a'r gyfraith â llais utgorn. Yng ngŵydd pawb mae colomen wen fel eira yn disgyn o'r nef ar ei ysgwyddau ac yn aros yno drwy gydol ei bregeth. Tra'r oedd yn traethu mewn llais eglur i bawb, i'r rhai agosaf yn ogystal â'r rhai pellaf, fe gyfyd y ddaear o dano yn fryn. Ar ucha'r bryn fe'i gwelir gan bawb fel y gallo ddyrchafu ei lef megis utgorn. Ar ben y bryn hwn mae eglwys. Fe ddiddymir yr heresi ac fe sicrheir y ffydd yng nghalonnau dynion. Mae pawb yn gytûn. Diolchant i Dduw ac i Ddewi.

Yna, ac yntau'n cael clod a bendith gan bawb, mae'r esgobion oll, a'r brenhinoedd, tywysogion, uchelwyr a phob gradd o ddynion o'r genedl Fritanaidd yn cytuno fod Dewi'n cael ei urddo yn archesgob a'i

the pontiff Saint David formerly read, and says, 'There is one, made bishop by the Patriarch who has not yet appeared at our synod, an eloquent man, full of grace, approved in religion, and who has an angel as comrade, a lovable man, pleasing in feature, distinguished in form, upright in stature of four cubits. My advice, therefore, is that you invite him'.

Messengers are sent forthwith. They come to the holy bishop. They announce for what purpose they had arrived. The holy bishop refuses, saying, 'Let no one tempt me. What they cannot do, who am I that I can do it? I acknowledge my lowliness. Depart ye in peace'. Messengers are sent a second and a third time, but neither so does he consent. Daniel and Dubricius are sent. St. David, the bishop, foreseeing this by the spirit of prophecy, says to the brethren, 'Today, brethren, most holy men are visiting us. Receive them with a joyful mind. Procure fishes, bread and water'. The brethren arrive. They salute one another. They enter into holy conversation. A meal is placed before them. They affirm that never will they eat in his monastery unless he returns with them to the synod. To this the Saint replied, 'Refuse you I cannot. Eat, and we will visit the synod together, but I am unable to preach on the occasion. Yet with prayers I shall bring what little help I may'. . . .

## Chapters 52 and 53 deal with St. David at the Synod.

Then he enters the synod. The company of bishops rejoices. The people are glad. The whole army exults. He is asked to preach. He rejects not the wish of the council. They bid him mount the pile of garments, but he refused. So he orders the boy newly raised from the dead to spread his handkerchief under his feet. On this he stands, and expounded the gospel and the law as from a trumpet. In the presence of all a snow-white pigeon, sent from heaven, settled on his shoulders, which remained as long as he preached. While he was holding forth with a voice clear to all, both to those nearest to him, and equally to those who were far off, the ground beneath him swells upwards and is raised into a hill. Placed on the top he is seen by all so that standing on a high hill he might lift his voice like a trumpet. On the top of this hill a church is situated. The heresy is expelled. The faith is confirmed in sound hearts. All are in agreement. They pay thanks to God and to Saint David.

Then, blessed and extolled by the mouth of all, he is with the consent of all the bishops, Kings, Princes, nobles, and all grades of the whole Britannic race, made archbishop and his monastery, too, is

fynachlog yn cael ei chydnabod yn fetropolis yr holl wlad, fel y byddo i'r sawl a'i rheolo gael ei gydnabod yn archesgob.

Gallwn yn awr archwilio'r penodau hyn gyda golwg ar y deunydd hanesyddol a all fod ynddynt. Prif ddiddordeb Pennod 49 yw man cyfarfod a phrif amcan y Senedd. Y fan yw glannau afon Brefi — afon fechan sy'n llifo i'r Teifi yng Ngheredigion. Mae'n llifo o fynydd-dir canolbarth Cymru yn union i'r gorllewin i mewn i afon Teifi. Er nad yw'r afonig yn ddim ond pum milltir o hyd a thir ei glannau yn gul ac yn isel, mae wedi ei lleoli mewn man a fyddai'n ganolbwynt o gryn bwysigrwydd yn nyddiau Dewi, yn fan cyfarfod llawer o fân ffyrdd ymysg y bryniau. Nid dyma'r stori i gyd, fodd bynnag, gan fod y fangre ar lannau Brefi yn agos iawn at y gaer Rufeinig yn Llanio. (Mae'n debyg mai hi oedd Bremia'r map hynafol o Ravenna).

Mae Llanio ar y ffordd Rufeinig bwysig a oedd yn rhan o system amddiffyn y ffin Rufeinig yng Nghymru. Rhedai o Gaerfyrddin (Maridunum) yn y de drwy Lanio ac ymlaen dros afon Dyfi i Bennal ac yna o'r diwedd i Gaernarfon (Segontium). 'Roedd cangen bwysig ohoni'n croesi afon Teifi ychydig islaw Llanio ac yna'n mynd dros afon Brefi ymlaen cyn belled â Llanfair Clydogau, cyn troi i'r de-ddwyrain dros y mynyddoedd i ogofâu aur Dolau Cothi, ac i Lanymddyfri; yna i'r Gaer ger Aberhonddu ac ymlaen wedyn i gaer y llengoedd yng Nghaerlleon (Isca). Mae ffordd Rufeinig arall yn arwain o ffordd Llanymddyfri i'r orsaf Rufeinig yng Nghastell Collen, ac yna, o bosibl, tua'r gogledd-ddwyrain drwy Gaersws i Gaer (Chester, Deva). Mae'n eglur felly fod ardal Llanio, gan gynnwys afon Brefi, yn hawdd ei chyrchu o Gymru benbwygilydd yn ystod y cyfnod Rhufeinig ac yn union wedi hynny — yn sicr yn fwy hygyrch nag y mae heddiw. Er bod y Rhufeiniaid wedi ymadael â'r rhan yma o ganolbarth Cymru dros ganrif cyn dyddiau Dewi a bod eu ffyrdd wedi dadfeilio, eto dywed y dystiolaeth archaeolegol mai trafnidiaeth ar olwynion a ddarfu amdani'n gyntaf a bod y ffyrdd wedi troi'n llwybrau troed wedi eu gorchuddio â glaswellt a chwyn. Eto i gyd, er eu bod mewn cyflwr gwael 'roedd y ffyrdd hyn ar gael i deithwyr ar gefnau ceffylau neu ar droed. Fe geid, yn ogystal, nifer helaeth o lwybrau a thramwyfeydd yn dod i lawr o'r mynydd-dir i'r ffyrdd Rhufeinig

declared the metropolis of the whole country, so that whoever ruled it should be accounted Archbishop.

We can now examine these chapters with particular reference to the historical material they may contain. Chapter 49 is concerned with the venue and main object of the Synod. The location is on the banks of the Brefi — the name of a small tributary of the river Teifi in Ceredigion. It flows from the mountain country of central Wales directly westward into the Teifi. Although the river is only some five miles in length and the low-lying land along its banks narrow, it is, nevertheless, situated in what would have been a focal area of some importance in the days of St. David, at a convergence of minor routes among the hills. This, however, is not the whole story, for a situation on the banks of the Brefi is in the almost immediate vicinity of the important Roman Fort of Llanio (most likely the Bremia of the Ravenna Cosmography).

Llanio is on the important Roman road which formed part of the western Roman frontier system in Wales. It ran from Carmarthen (Maridunum) in the south, through Llanio and onwards across the Dyfi to Pennal and ultimately on to Caernarfon (Segontium). An important lateral road crossed the Teifi just below Llanio and then passed over the Brefi and onwards as far as Llanfair Clydogau, whence it struck south-eastwards over the mountains to the Dolau Cothi gold mines and on to Llandovery and ultimately to the Gaer near Brecon, and then south-eastwards to the legionary fortress at Caerleon (Isca). Above this Roman route at Llandovery another road leads northwards through the mountains to the Roman station at Castell Collen and then possibly via Caersws, north-eastwards to Chester (Deva). It is clear, therefore, that the Llanio location (and with it Brefi) could be considered fully accessible to the whole of Wales in Roman and sub-Roman times — certainly more accessible than these parts are today. Furthermore, although the Romans had departed from this part of mid-Wales well over a hundred years before St. David's time and their roads had fallen into disrepair, nevertheless, we know from archaeological evidence that it was wheel traffic that first passed out of use and that the roads became virtually trackways overgrown with grass and weeds. Yet, in this condition the roads continued to be available to travellers mounted or on foot. In St. David's time, in addition to

glaswelltog hyn yn nyddiau Dewi. Ni allwn lai na dod i'r casgliad fod afonig Brefi a'r ffyrdd cysylltiol yn safle arbennig o dda i gynnal cyfarfod llwythol — a dyna mae'n debyg oedd Senedd Brefi. Os derbyniwn y syniad hwn, mae'n bosibl nad dyma'r tro cyntaf, ac yn sicr nid y tro olaf, y daeth cynulleidfa enfawr ynghyd mewn meysydd agored neu ar rosydd Cymru i gynnal oedfa grefyddol.

Os trown yn awr at yr ail fater y mae Pennod 49 yn cyfeirio ato, sef amcan y Senedd, fe gawn fod Rhigyfarch yn datgan yn glir mai ei phwrpas oedd lladd ar y Belagiaeth a oedd yn codi ei phen o'r newydd yng Nghymru. Fodd bynnag, mae haneswyr a diwinyddion heddiw yn amau hyn yn fawr. Y prif reswm dros ei amau yw bod Pelagiaeth go-iawn yng nghyfnod cynnar Cristnogaeth yn Ewrop wedi chwythu ei phlwc o leiaf ddwy ganrif cyn amser Dewi. Dyma'n bras gamau'r rhesymeg.

'Roedd Pelagius ei hun yn Gelt, ac mae bron yn sicr mai Gwyddel oedd. Gwyddom iddo adael ei wlad enedigol i ymweld â'r lleoedd sanctaidd yn y Dwyrain, ac iddo ddychwelyd oddiyno i Rufain a dod yn athro ac yn athronydd o fri. Yn ystod ei arhosiad yn Rhufain, fe'i cafodd ei hun yng nghanol ymryson ffyrnig. Gwadai athrawiaeth y pechod gwreiddiol, gan ddal fod dynion yn rhydd i bechu neu beidio â phechu, a'i bod yn bosibl i ddynion gael eu hachub drwy eu hymdrechion eu hunain, heb ras Duw: syniad sy'n debyg mewn llawer ffordd i ddyneiddiaeth fodern. Rywbryd ar ôl O.C. 415 clywn am Belagius yng Ngogledd Affrica a oedd ar y pryd yn gaer Cristnogaeth uniongred, ac yno cyfarfu ag Awstin Sant, prif wrthwynebydd ei ddaliadau. Mae'n ymddangos iddo wedyn hwylio i Balesteina a helpu i sefydlu mynachlog ym Methlehem.

Diflannodd Pelagius i niwloedd hanes yn y 420au cynnar ond gwyddom i rai o'i syniadau hereticaidd oroesi, wedi lliniaru tipyn arnynt, yn ysgol enwog y fynachlog yn Lérins ger Marseilles, lle a gysylltir ag enwau Vincent o Lérins a John Cassian. O'r diwedd, fe geisiodd Faustus o Riez, abad Lérins, lunio cyfaddawd, math o ffordd ganol rhwng eithafion athrawiaeth a oedd yn gwadu naill ai

these grass-covered Roman roads there was a large number of footpaths and trackways leading down from the high ground onto these roads. We can but conclude that given the communications as they were, Brevi was in a specially good position for a tribal gathering which, in fact, the Synod would have been. If we accept this view it would probably be not the first time, and certainly not the last, that a large gathering has been assembled in the open fields or on the moorlands of Wales for religious purposes.

If we now turn to the second matter with which Chapter 49 is concerned, namely the objective of the Synod, we note that Rhigyfarch states clearly that the objective was to denounce Pelagianism which was raising its head anew in Wales. This, however, has caused much doubt in the minds of modern historians and theologians, mainly because Pelagianism proper in early Christian Europe was a spent force at least two hundred years before David's time. The reasoning is roughly as follows.

Pelagius himself was a Celt and almost certainly an Irishman. He is known to have left his native land to visit the sacred places of the East and returned to Rome where he became an esteemed teacher and philosopher. During his stay in Rome (about the year AD 415) he found himself involved in a violent controversy. He denied the doctrine of original sin, arguing that men were free to sin or not to sin, and that men can be saved by their own efforts without the grace of God. In many ways this sounds very modern, being closely akin to modern humanism. Sometime after AD 415 we hear of Pelagius in North Africa, which at that time was a stronghold of orthodox Christianity, and there he met St. Augustine, the chief opponent of his views. Afterwards, he seems to have sailed to Palestine and helped to establish a monastery in Bethlehem.

History loses sight of Pelagius himself in the early 420s but we know that some of his heretical ideas lived on, somewhat modified, in the famous monastery school at Lérins, near Marseilles, associated with the names of Vincent of Lérins and John Cassian. Ultimately Faustus of Riez, abbot of Lérins, attempted to work out a compromise, a sort of middle course between the extremes of doctrines that virtually denied either man's instinctive need for

fod ar ddyn angen greddfol am ras neu fod ganddo ryddid. Isel-
Belagiaeth oedd yr enw ar yr athrawiaeth newydd. Dyma
ddatblygiad o bwys gan fod de Ffrainc yn fan cychwyn lledu
syniadau Cristnogol — drwy wlad Gâl yn gyntaf ac yna draw i
Brydain. Dyna a ddigwyddodd i'r athrawiaeth gyfaddawd hon, ac
fe gafodd ddyfnder daear yma — gwreiddiodd mor ddwfn yn wir
nes bod yn rhaid i Sant Garmon (Germanus) o Auxerre ymweld â
Phrydain ar ddau achlysur (yn O.C. 429 a 447) ar gais y Pab, i geisio
roi terfyn ar y syniadau hereticaidd hyn. Mae'n debyg i'r
ymweliadau hyn lwyddo fel y dengys Rhigyfarch yn y bennod hon.
Yn y cyfamser, ymgaledodd agwedd Rhufain, ac fe gondemniwyd
yr Isel-Belagiaid yn ail Gyngor Orange. Cafodd hyn sêl bendith y
Pab yn O.C. 531 a bu'r mudiad farw. Ond nid dyna ddiwedd y stori.
Mae syniadau Pelagius fel petaent yn codi eu pennau nawr ac yn y
man, ac mae haneswyr modern yr eglwys yn derbyn bod dyn yn
ymateb yn barhaus i'r ymgais i fynegi ei gydweithrediad â gras
Duw. Felly mae'n gwbl bosibl fod Pelagiaeth mewn rhyw ffurf arni
ar gerdded yng nghyfnod Senedd Brefi.

Yn ddiweddar, fe ddaeth tystiolaeth newydd bwysig i'r golau
sy'n cadarnhau bod dylanwadau cryfion yn ne-orllewin Cymru o
blaid Pelagiaeth yn amser Dewi, ac yntau a'i ddilynwyr mewn
cysylltiad â'r eglwys uniongred ar y Cyfandir. Daw'r dystiolaeth
hon o astudiaethau archaeolegol diweddar, yn enwedig gwaith Dr.
Bu'lock. Archwiliodd ef yn fanwl yr holl arysgrifau Cristnogol
cynnar yng Nghymru a gorllewin Prydain gan sylwi'n arbennig ar y
fformiwlâu coffa a ddefnyddid. Dengys y fformiwlâu hyn fod yr
arysgrifau dan sylw yn dyddio o'r bumed i'r seithfed ganrif —
hynny yw, cyfnod Dewi Sant.

Mae Dr. Bu'lock yn rhoi'r arysgrifau mewn dau brif ddosbarth
— y rhai sy'n defynddio HIC IACIT yn Lladin ac enw'r gŵr marw yn
dilyn ('Yma y gorwedd . . .'); a'r rhai sy'n defnyddio'r gair Lladin
FILIVS ('mab') neu ryw ffurf arno, er enghraifft A (enw gŵr marw)
FILIVS B (fab hwn a hwn). Fe ddangosodd archaeolegwyr i'r ffurf
HIC IACIT gyrraedd Prydain o'r Eidal drwy ddeheudir Gâl ac efallai
(yn ôl ymchwil fodern) o ardaloedd Cristnogol y Rheindir, yn
enwedig o gwmpas Trèves. Yng ngorllewin Prydain 'roedd teithio

grace or man's own freedom. This became known as Semi-Pelagianism. This development is important as southern France was a springboard for the spread of Christian ideas first through Gaul and then on to Britain. This happened to Semi-Pelagianism and it took deep root here — so deep, in fact, that St. Germanus of Auxerre had occasion to visit Britain on two occasions (AD 429 and 447) to attempt, at the request of the Pope, to exterminate these heretical views. These visits are said to have been entirely successful, as mentioned by Rhigyfarch in this chapter. Meanwhile, the attitude of Rome hardened, and the Semi-Pelagians were condemned at the Second Council of Orange, whose decisions were subsequently approved by the Pope in 531, and the movement died out. This, however, is not the whole story. Pelagian ideas seem to be recrudescent, and modern church historians accept that there appears to be a perennial human response in the search to express the place of man's co-operation with the grace of God. Thus the presence of Pelagianism in some form or other is a clear possibility at the time of the Synod of Brefi.

More recently, important new evidence has become available for the view that there must have been strong influences in south-west Wales making for Pelagianism in the time of St. David, while he himself and his followers were at the same time in contact with the orthodox continental church. The evidence comes from recent archaeological studies, particularly the work of Dr. Bu'lock. He has examined carefully all the early Christian inscribed stones in Wales and western Britain, paying particular attention to the memorial formulae used. These formulae make it clear that the stones in question date from the fifth to the seventh centuries — that is, to the time of St. David.

Dr. Bu'lock has classified the inscriptions into two major groups — those that use the formula HIC IACIT in Latin followed by the name of the deceased (Here Lies So and So); and those formulae that use the word FILIVS in Latin (or some variant of it), for example X (name of deceased) FILIVS Y (son of So and So). The form HIC IACIT has been shown by the archaeologists to have reached Britain from Italy by way of Southern Gaul and possibly (according to recent work) more particularly from Christian areas in the Rhineland especially around Trèves. In western Britain,

dros y môr hefyd yn bwysig. Erbyn hyn 'roedd mewnfudwyr Gwyddelig yn niferus yn ne-orllewin Cymru. Hen Wyddeleg oedd yr iaith a ddefnyddiai'r ymfudwyr hyn mewn arysgrifau ogham ar eu meini coffa. Felly, 'roedd y meini coffa Cristnogol cynnar yn yr ardaloedd hyn yn fynych yn ddwyieithog (Lladin a Hen Wyddeleg). Yn ei astudiaeth mae Dr. Bu'lock wedi cynnwys (a) y meini ag arysgrifau ogham yn unig, (b) y rhai Lladin yn unig a (c) y rhai dwyieithog. Yn yr arysgrifau ogham ceir yr Hen Wyddeleg MAQI ('mab') yn lle'r gair Lladin FILIVS, ac felly fe gawn A MAQI B (A fab B). 'Roedd y Cristnogion cynnar ar y Cyfandir wedi hepgor yr hen arfer Rufeinig o roi enwau rhieni'r marw ar ei garreg fedd am eu bod yn dehongli'r gorchymyn ym Mathew 23:9 yn llythrennol: 'A pheidiwch â galw neb yn dad i chwi ar y ddaear, oherwydd un tad sydd gennych chwi, sef eich Tad nefol'. Ystyrient, felly, eu geni o rieni daearol fel tarddle'r pechod gwreiddiol. Eto, yn ôl arolwg Dr. Bu'lock fe gawn fod 79 y cant o'r beddfeini a archwiliwyd yn nhiriogaeth Dewi ei hun yn defnyddio fformiwla naill ai FILIVS neu MAQI neu'r ddau. Mae'n amlwg felly fod y gorchymyn uniongred yn cael ei anwybyddu gan y Cristnogion yn y rhan yma o Gymru. A dyma'r union gyhuddiad a ddygwyd yn erbyn dilynwyr Pelagius ar y pryd — sef ymwrthod ag athrawiaeth y pechod gwreiddiol. Beth bynnag, yr oedd yr arfer o ddynodi enw dyn drwy ychwanegu enw ei dad ato yn ddigon adnabyddus, ac mae'n para hyd heddiw yn yr holl wledydd Celtaidd, e.e. Emrys ap Myrddin, Bleddyn ap Cadwgan yng Nghymru, a pheth wmbredd o enghreifftiau o Mac (o MAQI) yn yr Alban ac yn Iwerddon.

Mae'n werth sylwi ar ddosbarthiad cyffredinol y gwahanol fathau o arysgrifau coffa ar hyd a lled Cymru gan fod hyn yn tueddu pwysleisio'r ffaith fod fformiwla HIC IACIT (a oedd yn cydymffurfio â'r arfer Gristnogol uniongred ar y Cyfandir yr adeg yma) yn fwy poblogaidd ar y cyfan drwy'r gweddill o Gymru na'r fformiwla FILIVS anuniongred sydd fel petai'n nodweddiadol o Ddyfed. Mae hyn yn ategu nifer o'r awgrymiadau a wnaed parthed gwrthwynebiad nerthol a dadl gref Dewi yn erbyn dilynwyr Pelagius yn ne-orllewin Cymru yn Senedd Brefi. Ar yr un pryd rhaid i ni gofio fod Dewi yn aelod teyrngar o deulu Cunedda a'i fod yn draddodiadol elyniaethus i'r goresgynwyr Gwyddelig, nid yn gymaint am eu bod

movement by sea was also very important. By this time there was a strong immigrant Irish population present in south-west Wales. These immigrants used Old Irish (and inscribed it in ogham characters) for their memorials. In this way the early Christian memorials in this area were often bilingual, using Latin and Old Irish. In his study Dr. Bu'lock has included the stones with ogham inscriptions alone, and those with Latin alone, and the bilingual group. In ogham, the Latin FILIVS is replaced by the Old Irish MAQI; so we have X MAQI Y (X the son of Y). The early Christians on the Continent gave up the former Roman pagan custom of naming a deceased person's parents on their tombstones for the reason that they followed literally the injunction in Matthew 23:9: 'Call no man your father on the earth: for one is your Father, which is in heaven'. They, therefore, considered their earthly parentage as the source of original sin. Yet in Dr. Bu'lock's survey we find that 79 per cent of the tombstones examined in David's own territory use either the FILIVS or the MAQI formula or both. It is clear, therefore, that among the Christians in this part of Wales the orthodox injunction was largely ignored. This rejection of the doctrine of original sin was exactly what the followers of Pelagius were accused of doing at this time. In any case, the practice of defining a man's name by adding that of his father is well known and used to this day in all Celtic lands, e.g. Emrys ap Myrddin, Bleddyn ap Cadwgan in Wales and the many examples of Mac in Scotland and Ireland.

It is worth noting the general distribution of the various forms of these memorial inscriptions throughout the whole of Wales as it tends to bring out the fact that the HIC IACIT formula (which could be equated with orthodox continental Christian practice at this time) is clearly more marked in Wales as a whole than the unorthodox FILIVS formula which seems a feature of the south-west. This supports many of the suggestions made regarding David's apparently powerful and well-reasoned opposition to the Pelagian followers in the south-west at the Synod. At the same time we should bear in mind that St. David was a loyal son of the House of Cunedda and that he bore a traditional hostility to the Irish invaders not because they were unorthodox Christians at this time but simply

yn Gristnogion anuniongred ond am eu bod yn Wyddelod. Mae'r
ffeithiau a ganlyn ynglŷn â'r arysgrifau Cristnogol cynnar a'u
fformiwlâu coffa yn dangos y sefyllfa gyffredinol yn eglur ddigon.
Os cymerwn Wynedd, fe gawn fod cyfartaledd y meini â'r
fformiwla FILIVS yn 28 y cant a'r HIC IACIT yn 70 y cant. Mae'r
cyfartaledd yn Nyfed yn wahanol — arysgrifau FILIVS yn 63 y cant
a'r HIC IACIT yn 28 y cant. Mae hyn yn golygu fod gan Ogledd
Cymru gysylltiad agosach â'r Cyfandir nag a oedd gan y De-
orllewin, a bod ei Gristnogaeth yn fwy uniongred. Gwireddir hyn
gan dystiolaeth archaeolegol a llenyddol hefyd. Mae astudiaethau
modern, yn enwedig y rhai archaeolegol, yn peri bod stori
draddodiadol Rhigyfarch am ymryson Dewi a dilynwyr Pelagius
yn Senedd Brefi (a oedd yn ei ddydd yn adlais o hen, hen
draddodiad) yn fwy rhesymol a chredadwy.


Mae penodau 49 a 50 yn sôn am y penderfyniad i anfon cenhadau
at Ddewi i'w wahodd i annerch y Senedd. Nid oedd gan Rigyfarch
unrhyw ffynhonnell lafar neu ysgrifenedig a roddai fanylion
ynghylch yr hyn a ddigwyddodd dros bum canrif ynghynt. Eto i
gyd, mae'n ddiddorol bod sôn am dri pherson y mae gennym
dystiolaeth hanesyddol bendant yn eu cylch. Yn gyntaf, dyna Sant
Paulinus y dywedir ei fod yn un o athrawon Dewi. Ef a awgrymodd
i'r Senedd mai Dewi oedd y dyn mwyaf cymwys ac abl i fynd i'r
afael â'r argyfwng. Mae'n amlwg nad oedd Dewi yn bresennol, a'i
fod wedi derbyn gwahoddiad i fod yno ac yntau'n amharod i
ymateb. 'Roedd mynachlog Paulinus yn Llanddeusant yng
ngogledd Dyfed, lle a fuasai'n sicr o fod o fewn *patria* Dewi, ac
felly 'roedd yn rhesymol disgwyl iddo fod yn y Senedd. Mae'n
debyg i Paulinus rywbryd groesi'r môr i Lydaw, lle gelwid ef yn St.
Paul Aurelian. Yn ddiweddarach daeth yn nawddsant dinas enwog
St. Pol de Léon ar arfordir gogledd Llydaw. Mae *Buchedd* y Sant
hwn yn awr yn llyfrgell dinas Orleans. Fe'i hysgrifennwyd gan y
mynach Gourmonoc yn 884, cyn i'r 'cenhedloedd duon' anrheithio
trefi a mynachlogydd arfordir Llydaw yn y ddegfed ganrif.
Disgrifiad yw'r *Fuchedd* o hanes Sant Paulinus yn ei gartref yn
Nyfed ac yn ddiweddarach yn Llydaw. Pan oedd Dewi yn ddisgybl

because they were Irish. The following data regarding the early Christian inscribed stones and their memorial formulae bring out the general situation quite clearly. In Gwynedd, we find the percentage of the stones with the FILIVS formula to be 28 and the HIC IACIT formula 70. The corresponding percentages in Dyfed are: FILIVS inscriptions, 63 per cent; IIIC IACIT inscriptions, 28 per cent. This implies that North Wales at this time was more in touch with the Continent than South-west Wales, and that its Christianity was more orthodox. This is also borne out by both literary and archaeological evidence. Modern studies, especially archaeological studies, therefore make the traditional story of Rhigyfarch (probably in his day echoing a very old tradition) all the more reasonable and intelligible when he tells of the confrontation of St. David with Pelagians or Semi-Pelagians at the Synod of Brefi.

Chapters 49 and 50 are concerned with the decision to look for St. David and invite him to address the Synod. While Rhigyfarch could not have had any oral or written source for the details of the events that are said to have taken place over five hundred years before, it is, nevertheless, interesting that three individuals are mentioned of whom we have reliable historical evidence. First of all, there is St. Paulinus who is said to have been one of St. David's teachers and it was he who suggested to the Synod that David was the person best qualified and able to deal with the impasse which had developed. David was obviously not present, but was invited to come along — an invitation he accepted reluctantly. Paulinus' monastery was at Llanddeusant in north Dyfed and would almost certainly be within the orbit of St. David's *patria* in western central Wales, and so it was reasonable that he should be at the Synod. At some time Paulinus seems to have crossed over to Brittany where he was known as St. Paul Aurelian and later became patron of the well-known city of St. Pol de Léon on the north coast. We possess a *Life* of St. Pol de Léon, now in the city library at Orleans, which was written by a monk named Wrmonoc in 884, that is before the Norsemen had sacked towns and monasteries on the Breton coast in the tenth century. This *Life* tells the story of St. Paulinus in his native Carmarthenshire and later in Brittany. When St. David was a

ifanc i Baulinus fe ddywedir iddo iacháu ei feistr 'o dra gormod
dolur yn y lygeit' (yn ei lygaid). Nid hyn, na'r ganmoliaeth a
roddodd Paulinus i Ddewi, oedd y rheswm tebygol ym meddwl
Rhigyfarch dros i'r Senedd dderbyn yr awgrym i ddanfon am
Ddewi. Tebycach, o ystyried y pwnc dan sylw, yw'r rheswm fod
Dewi wedi ei addysgu gan Baulinus a hwnnw yn ei dro 'yn ddisgybl
i Garmon yr esgob'.

Wrth fynd ymlaen i bennod 50 fe ddarllenwn am ddau Sant
enwog arall a wahoddwyd yn arbennig i'r Senedd, sef Dubricius
(Dyfrig) a Daniel (Deiniol). Yma eto y mae gennym dystiolaeth led
bendant am y ddau Sant hyn, yn enwedig Dyfrig. Dywed ei
*Fuchedd* ei fod yn ŵyr i Peibio, brenin Ergyng, teyrnas ar ffiniau
de-ddwyrain Cymru yn yr Oesoedd Tywyll. 'Roedd ei brif
fynachlog yn Hentland (ar lan afon Wysg) yn ne-orllewin swydd
Henffordd, ac mae nifer o eglwysi yn y gymdogaeth honno yn
dwyn ei enw. Ceir sôn amdano, ym *Muchedd* Sant Samson o'r
seithfed ganrif, yn dod i'r fynachlog ar Ynys Bŷr i gysegru
Samson, sef Sant Samson o Dol yn Llydaw yn ddiweddarach. Fe
sefydlodd Deiniol nifer o fynachlogydd yng Ngogledd Cymru, yn
enwedig y ddwy Fangor — Bangor yng Ngwynedd, lle mae eglwys
gadeiriol esgobaeth Bangor y bu ef yn esgob cyntaf iddi; a Bangor
Is-coed ar lan afon Dyfrdwy yng Nghlwyd. Bu hon yn adnabyddus
yn hanes cynnar Prydain oherwydd cyflafan ei mynaich ar ôl
Brwydr Caer yn O.C. 617. Croniclir yr hanes gan Bede. Ceir
cyfeiriadau cynnar at Sant Deiniol yn y cronicl Cymraeg a elwir
*Bonedd y Saint.* Yr hyn sy'n arwyddocaol yw ymdrech
Rhigyfarch i ddangos fod eglwyswyr o bwys, yn cynrychioli
Cymru benbaladr yn bresennol yn y Senedd. Gwnaeth hyn er
mwyn dylanwadu ar y swyddogion eglwysig Eingl-Norman a oedd
wrthi'n bwrw ymlaen â'u cynlluniau i ad-drefnu'r 'eglwys'
Geltaidd yr adeg honno. Buasai'r ddau ymwelydd hyn, Dyfrig a
Deiniol, yn gynrychiolwyr delfrydol i'r De ac i'r Gogledd yn Oes y
Seintiau.

Mae Pennod 53 yn disgrifio goruchafiaeth Dewi wedi i'r heresi
gael ei 'halltudio' gan ei huodledd a grym ei ddadl yn erbyn
Pelagiaeth. Pwysleisia Rhigyfarch iddo gael ei wneud yn

young student of Paulinus we are told that he cured his master when he was suffering from serious eye trouble. Neither this, nor Paulinus' eulogy of St. David, was the probable reason in Rhigyfarch's mind why the Synod accepted the suggestion that David be sent for. More likely, it was because, in view of the matter under discussion, it would have appeared very appropriate since David had been educated under Paulinus, who in turn was 'a disciple of St. Germanus the Bishop'.

Proceeding to Chapter 50, we hear of two other well-known Saints who appear to have been specially invited to the Synod: Dubricius and Daniel. Again we have fairly strong historical evidence for both Saints, especially the former. The *Life* of St. Dubricius tells us that he was the grandson of Peibio, King of Erging, a kingdom which in the Dark Ages lay on the south-eastern borders of Wales. His chief monastery was at Hentland, now in south-western Herefordshire, and he has several churches bearing his name in the vicinity. He is mentioned in the seventh century *Life* of St. Samson as coming to the monastery on Caldy Island to consecrate Samson, who afterwards became St. Samson of Dol in Brittany. Daniel (or Deiniol as he is known in Welsh) founded several monasteries in North Wales, especially the two Bangors — the Bangor in Gwynedd, now represented by the Cathedral of the episcopal diocese of that name, of which he is regarded as the first Bishop; and Bangor-on-Dee in Clwyd, famous in early British history for the massacre of many of its monks at the Battle of Chester, AD 617, mentioned by Bede. There are also early references to St. Deiniol in the famous Welsh chronicle known as *Bonedd y Saint*. What, however, is significant is that Rhigyfarch is concerned to show that dignitaries representing all Wales were present at the Synod in order to impress the Anglo-Norman church officials, who were pressing forward in their attempts to restructure the Celtic 'church' at this time. These two distinguished visitors would be ideal representatives of South and North Wales respectively in the Age of the Saints.

Chapter 53 describes the triumph of David after the heresy had been 'expelled' by his oratory and forceful presentation of the anti-Pelagian case. Rhigyfarch stresses that he is made Archbishop

Archesgob drwy gymeradwyaeth gyffredinol, ac iddo ennill cefnogaeth pob cangen o gymdeithas — 'esgobion, brenhinoedd, tywysogion, uchelwyr a phob gradd o ddynion o'r genedl Fritanaidd', a chyhoeddi mai ei fynachlog yn Nhyddewi oedd y metropolis a bod pwy bynnag a'i dilyno i ddal swydd Archesgob. Yma fe welwn y Dewi dyrchafedig, nid y mynach hunanymwadol o Henfynyw; arweinydd Cymru gyfan, nid *parochia* Tyddewi yn unig. Cyfyd anawsterau sylfaenol serch hynny rhag derbyn yn llythrennol y cyfan a ddywed Rhigyfarch. Mae hyn i'w briodoli yn bennaf i'r ffaith ei fod yn defnyddio termau eglwysig Eglwys Babyddol yr Oesoedd Canol, pryd y gwisgai'r esgobion, er enghraifft gochl, meitr, bagl a modrwy. Nid felly yr oedd yn amser Dewi. Dangoswyd yn eglur erbyn hyn gan y Dr. Kathleen Hughes fod yna esgobion, yn sicr, yn yr 'eglwys' Geltaidd ond mai esgobion llwythol oeddynt a'u cadeiriau yn agos at ganolfannau'r awdurdod sifil (gan amlaf mewn bryngaer fawr lle'r oedd pencadlys pennaeth y llwyth). Er i Dr. Hughes seilio'i thystiolaeth ar yr hyn a ddigwyddodd yn Iwerddon cyn dyddiau pen-llanw mynachaeth yno, diogel yw tybio mai'r un oedd y sefyllfa yng Nghymru.

Mae'n bwysig pwysleisio eto felly mai cynulliad llwythol oedd Senedd Brefi, ac mai esgob llwyth oedd Dewi, yn gwisgo, mae'n debyg, ddillad garw o grwyn anifeiliaid ac yn cario cangen fawr o'r coed yn hytrach na bagl esgob, ac yn cerdded yn bennoeth ac yn droednoeth. 'Roedd ganddo gloch a alwai'n 'Bangu' — 'gloch annwyl, uchel' a feddai ar alluoedd goruwchnaturiol. Y drefn yn y mynachlogydd Celtaidd oedd i'r abad gyflawni'r dyletswyddau gweinyddol tra'r oedd yr esgob neu'r esgobion yn mynd o gwmpas y wlad gan bregethu a chyflawni dyletswyddau crefyddol megis gweinyddu bedydd esgob, priodi, a gweinyddu'r Cymun. 'Doedd gan esgob na dyletswyddau gweinyddol na ffiniau pendant i'w 'blwyf' (*parochia*), ar wahân efallai, yn fras, ffiniau'r llwyth neu welygordd (pobl o'r un gwaed). Ni allesid gwneud Dewi'n archesgob yn ystyr Rufeinig y gair ond gallai fod wedi ymdoddi'n dda i'r darlun llwythol a dynnwyd o Senedd Brefi. Gallesid bod wedi ei gydnabod yn esgob o radd uchel neu hyd yn oed yn esgob mwyaf ei ddawn a'i barch ymysg ei gyfoeswyr mewn cynulliad lluosog o'r math hwn yn yr awyr agored. Ond ni ellid ei

by popular acclaim, that he has the support of all branches of society — 'bishops, kings, princes, nobles and all grades of the whole Britannic race', and that his monastery at St. David's is declared the Metropolis, and whoever may rule there after him is to be regarded as Archbishop. Here we see the glorified David and not the ascetic monk from Henfynyw: the leader of all Wales and not just of the *parochia* of Tyddewi. There are, however, fundamental difficulties in accepting literally all that Rhigyfarch says. This is due mainly to the fact that he is using the ecclesiastical terminology of the Roman Church in the Middle Ages where bishops, for example, were complete with cope, mitre, crosier and ring. This was not the case in David's time. It has now been clearly demonstrated by Dr. Kathleen Hughes that although there were most certainly bishops in the Celtic 'church', they were tribal bishops with their seats near to the centres of the civic authority (most frequently a very large hill-fort where the chief of the tribe had his headquarters). Although Dr. Hughes based her evidence on what happened in Ireland in the days before the coming of full monasticism, it is safe to assume that a similar situation prevailed in Wales.

It is important to re-emphasise, therefore, that the Synod of Brefi was a tribal gathering and St. David a tribal bishop who wore rough clothing, possibly of animal skins, and carried a large branch from the woods rather than a crosier, and may well have been bareheaded and barefooted. He carried a bell which he called 'Bangu', 'the dear loud one', which possessed magical powers. The arrangement in Celtic monasteries was for the abbot to attend to all administrative duties while the bishop (or bishops) moved around the countryside preaching and attending to religious duties, such as baptism, confirmation, marriages, burials, and the administration of the Eucharist. The bishop had no administrative duties and his *parochia* no precise territorial limits, except vaguely those of the local tribe or sib. Dewi could never have been made an archbishop in the Roman sense of the term, but he could have integrated well with the tribal picture portrayed at Brefi. He may well have been acclaimed 'a senior bishop' or, even, the most outstanding and gifted bishop among his contemporaries, in a large open-air gathering of this kind. As for being made a Metropolitan,

ddyrchafu'n archesgob (metropolitan) am nad oedd yn ei ddydd na
threfi na dinasoedd iddo breswylio ynddynt. Y dref, nid y wlad,
oedd canolfan Eglwys Rufain yr Oesoedd Canol. Nid oedd
mynachlog Dewi yn Nhyddewi (Y Fynyw Newydd) yn ddim ond
casgliad o fythynnod tlawd ynghyd ag eglwys fechan. 'Roedd
Rhigyfarch, fodd bynnag, yn awyddus i ddefnyddio termau
canoloesol diweddarach er mwyn dangos rhagoriaeth dybiedig
Dewi ym mywyd yr eglwys yn y gorllewin Celtaidd yn y
gorffennol. Canys gwyddai fod y cof am Ddewi a'r swydd aruchel
y tybid iddo ei dal yn parhau yn arf boliticaidd o'r pwys pennaf yn
yr unfed ganrif ar ddeg ym mrwydr yr Eglwys Geltaidd yn erbyn
gallu cynyddol Caer-gaint a Rhufain.

Er hynny, sut bynnag yr esboniwn hanes Senedd Brefi mae'n
ymddangos ein bod yn dechrau gweld dyrchafu Dewi yn
arweinydd mawr ar yr eglwys a'r genedl.


## IV  GLORIA POSTUMA

'Roedd pobl yr Oesoedd Canol yn medru eu huniaethu eu hunain
â'r goruwchnaturiol ac fe'u denwyd yn hawdd at greiriau seintiau
ac at bethau sanctaidd eraill y dywedid bod ganddynt allu gwyrthiol
i iacháu. 'Roedd gan bron bob mynachlog ac eglwys fawr yn y
wlad rywbeth arbennig i ddenu pobl yn y modd hwn. Teithiai
pererinion dirifedi bellter ffordd i ddangos parch ac i addoli creiriau
neu i gael eu hiacháu mewn lleoedd cysegredig. 'Roedd creiriau'r
Saint Celtaidd yn arbennig yn cael eu parchu'n fawr ac fe gredai
pobl yn ddiysgog y gallai'r sant gyflawni gwyrthiau hyd yn oed o'i
fedd neu o'r fangre gysegredig lle tybid y gorweddai ei esgyrn.
Mae'n amlwg felly sut y byddai cylch dylanwad y sant yn troi o
gwmpas ei feddrod, ac dyna pam y daeth Tyddewi yn ganolfan
bwysig i bererindodau yn yr Oesoedd Canol.

Fe adeiladwyd yr eglwys gadeiriol fawr gan yr esgob Peter de
Leia yn 1181, a dodwyd beddrod y sant, yn ôl yr arfer, y tu ôl i'r
Allor Fawr ym mhen dwyreiniol yr eglwys. Ym mur dwyreiniol yr
eglwys yr oedd bwlch arbennig wedi ei gau â llechi tyllog fel y

there would have been no towns or cities in Wales in his day to reside in. The medieval Roman Church was urban and not rural-based. David's monastery at Menevia (the New Mynyw) comprised merely a group of lowly huts with a little church. Rhigyfarch, however, was keen on using later medieval terminology in order to show the supposed pre-eminence of David in the Church life of the Celtic West in the past, for he realised that the memory of St. David and the eminent position he was said to have held was still a political weapon of the first importance in the eleventh century in the struggle of the Celtic Church with the ever increasing power of Canterbury and Rome.

Nevertheless, however we interpret the story of the Synod it would seem that we are beginning to see St. David raised on high and emerging as a great national leader in Church and 'State' alike.

## IV   GLORIA POSTUMA

People in the Middle Ages identified themselves closely with the supernatural and were thus easily attracted to the relics of holy men and women and especially to other sacred objects which were said to possess miraculous powers of healing. Almost every monastery and every large church in the land had some special objects of attraction in this way, while pious pilgrims travelled great distances, and in very large numbers, to adore and to worship relics or to receive cures at famous shrines. The relics of Celtic Saints, in particular, proved to be objects of the greatest veneration, and it was fervently believed that the Saint, even after death, could work miracles from his tomb or the shrine where his bones were said to rest. In this way it is clear that a Saint's cult is centred at his tomb. It is for this reason that St. David's became a great centre of pilgrimage in medieval times.

The great Cathedral was built by Bishop Peter de Leia in 1181 and the Saint's shrine was placed, as was usual, behind the High Altar at the eastern end of the church. The eastern wall of the Cathedral had a special opening which was partly closed with

gallai'r pererinion a safai y tu allan i'r eglwys weld beddrod y sant drwyddynt. Yn ddiweddarach, fe sylweddolwyd nad oedd hyn yn foddhaol ac fe'i newidiwyd. Estynnwyd ochr ddwyreiniol yr eglwys i wneud mwy o le i allorau a beddau. Cofnodwyd y gwelliannau hyn yn yr *Annales Cambriae*: 'dechreuwyd adeiladu beddrod Dewi sanctaidd yn yr eglwys ym Mynyw (Menevia) [1275]'. Cyfeiria hyn at symud creiriau'r sant o'u hen safle y tu ôl i'r Allor Fawr i feddrod newydd sy'n aros mewn cyflwr gweddol dda hyd heddiw yn arcâd gogleddol y côr. Mae'n debyg mai'r prif reswm oedd yr angen i osod y beddrod mewn man lle byddai'n haws i'r pererinion fynd ato. Mae'r beddrod, fel y mae bellach, yn cynnwys bedd plaen a phedwar agoriad 'quatrefoil' yn rhes. Ar ôl gosod eu rhoddion ar ben y beddrod, rhoddai'r pererinion eu dwylo i mewn drwy'r agoriadau hyn er mwyn dwyn allan beth o'r llwch (gweddillion corff y sant, gellid tybied). Fe'i cymysgwyd wedyn a dŵr a'i roi i'r claf a'r clwyfus i'w yfed. Cadarnheir yr esboniad hwn o bwrpas y tyllau gan hanesyn a geir yn llyfr yr Hybarch Bede *The Ecclesiastical History of the English People* ynglŷn â bedd Sant Chad a fu farw yn o.c. 672. Fe gludwyd ei weddillion yn ddiweddarach i eglwys gadeiriol Caerlwytgoed. Dywed Bede, 'mae'r beddrod yn yr eglwys gadeiriol yn gofadail pren, ar lun tŷ bychan, wedi ei orchuddio, a chanddo dwll yn y wal ac mae'r rhai sy'n mynd yno i addoli yn gosod eu dwylo drwyddo fel rheol ac yn dwyn allan beth o'r llwch. Dodant hwn wedyn mewn dŵr a'i roi i anifeiliaid neu ddynion claf i'w yfed. Yn fuan fe'u hiacheir o'u doluriau a'u hadfer i'w hiechyd'.

Mae eglwys gadeirol Tyddewi mewn man rhagorol i dderbyn pererinion o bob man. Mae gorynys dde-orllewinol Cymru lle saif Tyddewi yn bentir naturiol sy'n ymwthio i'r môr ac a fu ers cyn hanes yn briffordd trafnidiaeth a masnach. Dywedodd un archaeolegydd enwog yn ddiweddar fod y moroedd gorllewinol llwyd yn amser Dewi mor ferw o longau bychain ag yw gorllewin y Tawelfor heddiw. Nid gor-ddweud yw hyn, oblegid y pryd hynny 'roedd llwybrau'r môr o Ogledd Cymru ar draws Bae Ceredigion ac o dde a dwyrain Iwerddon ar draws y Môr Celtaidd, ac o Gernyw

pierced slabs of stone through which pilgrims standing outside the church could see the shrine within. Later on, this arrangement proved unsatisfactory and changes were made. These involved the extension of the eastern end of the Cathedral to allow for more space for altars and tombs. The date of these changes is well recorded by the statement in the *Annales Cambriae* that 'the shrine of the Blessed David in the Church of Menevia was begun [1275]'. This note points to the removal of the relics of the Saint from their old position behind the High Altar to a new shrine which still stands in a relatively good state of preservation in its original position in the north arcade of the choir. There is no doubt that the necessity of placing the shrine in a position more accessible to pilgrims was the main reason for the extensive changes made at this time. The shrine, as now preserved, consists of a plain tomb with four quatrefoil openings in a row. It was into these openings that the pilgrims, after laying their gifts on the top of the tomb, put their hands to take out some of the dust (presumably the remains of the Saint's body) which was afterwards mixed with water and given to the sick and infirm to drink. This explanation of the purpose of the holes is borne out by an account found in the Venerable Bede's *Ecclesiastical History of the English People* concerning the burial place of St. Chad who died in AD 672. St. Chad's remains were, at a later date, removed to Lichfield Cathedral. Bede says that 'the sepulchre in the Cathedral is a wooden monument made like a little house, covered, and having a hole in the wall through which those that go thither for devotion usually put in their hands and take out some of the dust, which they then put into water and give to sick cattle or men to drink, upon which they are presently eased of their infirmity and restored to health'.

The Cathedral is placed in an excellent position for receiving pilgrims from all quarters. The south-western peninsula of Wales on which St. David's stands is a natural pierhead jutting out into the western seas which from prehistoric times has been a highway of movement and commerce. One well-known archaeologist has recently maintained that in the time of St. David the grey waters of the western seas were as alive with small craft as the western Pacific is today. This is no exaggeration, for at this time sea routes from North Wales across Cardigan Bay, from eastern and southern

a Llydaw ar draws genau Môr Hafren, i gyd yn canoli ar Borth Mawr neu Borth Glais, porthladdoedd ffynniannus Tyddewi gynt. O gwmpas y pentir fe geir capeli bychain ger glanfeydd mân lle y byddai teithwyr a fu ar drugaredd y gwynt a'r tonnau yn dringo i offrymu gweddi o ddiolch am fordaith ddiogel neu i ofyn am nawdd cyn mentro i'r eigion stormus. Câi'r capeli bychain hyn elusendal gan y morwyr a'r pererinion a dramwyai ar hyd amryw lwybrau i addoli wrth feddrod Dewi yn ei eglwys a honno mewn safle ganolog ond hefyd ynghudd mewn glyn cul o olwg anrheithwyr. Dyma nhw'r capeli, gan ddilyn cylch y cloc o gapel Santes Non (yn dwyn enw mam Dewi Sant): Capel Ffynnon Wen, a'r eglwys gadeiriol gerllaw, heibio i Gapel y Pistyll i Gapel Sant Justinian a dau gapel arall ar Ynys Dewi. Yna, ymlaen at Gapel Cwmwdig a Chapel Sant Padrig yn y gorllewin hyd at Gapel y Gwrhyd a Chapel yr Hen Fynwent.

Peidiwn ag anghofio hefyd bod Pentir Dewi a'i holl lanfeydd a'i borthladdoedd bychain arno ac yn ymwthio allan i'r gorllewin, ar y briffordd i Iwerddon, ryw 47 milltir i ffwrdd. 'Roedd morwyr a marsiandwyr o'r wlad honno, yn ogystal â phererinion, i'w gweld yn y gymdogaeth. 'Roedd gan Ddewi Sant, fel y gwelsom eisoes, gysylltiadau agos iawn â de-ddwyrain Iwerddon, ac ar y llaw arall clywn am nifer o seintiau Gwyddelig a ddaeth drosodd i Dyddewi i'w dysgu am gyfnodau hir. Fe ddywedir i un sant pwysig o Wyddel — Sant Finnian o Glonard — aros dair blynedd gyda Dewi. Nid o Iwerddon yn unig y deuai'r pererinion dros y môr. Fe ddaeth llawer ohonynt o Gernyw a Dyfnaint a Gwlad yr Haf ac eraill yn ddi-os o Lydaw hefyd. Dod i addoli wrth y beddrod o bell ac agos — o Dde a Gogledd Cymru a wnai'r sawl a ddeuai dros y tir. Byddai'n ddiddorol olrhain ar fap y llwybrau a gymerent ond nid yw'r manylion ar gael. 'Doedd yno ddim ffyrdd na phriffyrdd fel sydd gennym ni heddiw, a'r cyfan a gaed oedd tramwyfeydd a thyfiant drostynt, gweddillion hen ffyrdd Rhufeinig, ac wrth gwrs, llwybrau'r mynydd a oedd mor nodweddiadol o ucheldir Cymru. Mae gan yr Arolwg Ordnans fapiau wedi eu llunio'n arbennig ar

Ireland across the Irish sea, and from Cornwall and Brittany across the mouth of the Bristol Channel, all focused on Porth Mawr or Porth Glais, the once prosperous harbours of St. David's. Around the headland are found little chapels near small landing places where travellers at the mercy of the wind and tides would climb up to offer a little prayer of thanks for a safe passage, or ask for protection while embarking on a stormy sea. The little chapels, in turn, invited the alms of the seamen and pilgrims who proceeded along several little paths to pay their devotions at the Shrine of St. David in his church, centrally located, but hidden in a deep valley for protection from raiders. The little chapels, reading clockwise from St. Non's Chapel (dedicated to the mother of St. David) are Whitwell Chapel, with the Cathedral nearby, around past Capel y Pistyll to St. Justinian's Chapel, with two other chapels on Ramsey Island. On then to Capel Cwmwdig and St. Patrick's Chapel in the west, across to Capel y Gwrhyd and Capel yr Hen Fynwent, around to the Cathedral again.

With St. David's own background in mind we must not forget that with all these little landing places and small harbours, the St. David's peninsula jutting out westward was, above all, on the high road to Ireland, which was only some 47 miles away. Irish seamen and merchants as well as pilgrims were often to be found in the neighbourhood. St. David himself, as we have already seen, had very close associations with south-eastern Ireland, while on the other hand we hear of many Irish Saints who came over to St. David's and stayed under his tuition for long periods. One important Irish Saint — St. Finnian of Clonard — is said to have spent three years with David. Not all the pilgrims arriving by sea were from Ireland. Many came from Cornwall and Devon and Somerset as well as others, no doubt, from Brittany. Those arriving by land would come to pay their devotions at the shrine from areas far and wide in North and South Wales. It would be interesting to map the routes along which they travelled, but the necessary detail is not available. There were, of course, no roads or highways in the modern sense, and all that was available were overgrown trackways representing former Roman roads, and, of course, the mountain trackways which were such a feature of Upland Wales. It is significant that the Ordnance Survey's special

gyfer cyfnodau amrywiol mewn hanes, gan gynnwys map o
Brydain cyn y Concwest Normanaidd ac un arall o Brydain yng
nghyfnod y Mynachlogydd, ond mae'n werth sylwi na wneir
unrhyw ymgais i ddangos llwybrau'r pererinion mewn unrhyw ran
o Gymru. Gallwn geisio llunio map cyffredinol ar sail tystiolaeth
anuniongyrchol a darnau bychain o ffyrdd a llwybrau y mae
traddodiad yn sôn amdanynt fel ffyrdd y pererinion. Mae'n
ymddangos fod gan y pererinion dair ffordd o gyrraedd Tyddewi o
Dde a Chanolbarth Cymru. Yn gyntaf, y ffordd ar hyd arfordir
gorllewin Cymru; yn ail, y ffordd a ddilynai odre gwastadedd De
Cymru; ac yn olaf nifer o hen ffyrdd a thramwyfeydd a redai
rhyngddynt. (Ffig. II)

Mae'n ffodus fod gennym dystiolaeth lenyddol gyfoes ddiddorol
am y defnydd a wnaed yn yr Oesoedd Canol o ffordd yr arfordir o'r
Gogledd i'r De. Mae i'w chael mewn cywydd ('Pererindod
Merch') gan y bardd enwog Dafydd ap Gwilym. Sonia'r cywydd
am leian o Fôn yn mynd ar bererindod i Dyddewi i ofyn maddeuant
am 'ladd' y bardd drwy wrthod ei serch. Mae Dafydd yn disgrifio'r
ffordd a gymerodd y ferch, ac yn sôn yn arbennig am yr afonydd yr
oedd yn rhaid iddi eu croesi, sef: afon Menai, afon Llynfi, y Traeth
Mawr (ger Porthmadog heddiw) a'r Traeth Bach (llain o fôr rhwng
Penrhyndeudraeth a Thalysarnau). Yna, mae'n croesi afon Artro
ym Meirionnydd ac yn talu toll ('fferm') porth Abermaw ('Y
Bermo'). Yna tua'r de dros afon Dysynni a thros aber Dyfi a'r
tonnau dwfn 'yn ei herbyn hi'. Eto tua'r de gan groesi'r afon
Rheidol ger Llanbadarn Fawr ac wedyn afon Ystwyth; drwy Aeron
'ferw' a Theifi 'deg' ac yna ar hyd arfordir gogledd Penfro. Sylwer
bod yng Ngheredigion a gogledd Penfro ar y daith hon lawer
eglwys hynafol yn dwyn enw Dewi, gan gynnwys Llan-non (yn
dwyn enw ei fam) a Henfynyw (yr hen Menevia) lle ganwyd ef.
Ymhellach ymlaen deuwn i Flaenpennal, eglwys arall i Ddewi, ac
yng ngogledd Penfro mae'r ffordd yn mynd drwy Nanhyfer;
ymhellach tua'r de-orllewin 'roedd Capel Dewi Sant ger
Trefdraeth ac yna mae'r ffordd yn mynd heibio i Lanllawddog a
Llanychaer, dwy o eglwysi Dewi. Mae'r traddodiadau sydd
ynghlwm wrth y ffordd hon i bererinion yn glwstwr trwchus o
gwmpas Nanhyfer gyda'i groes fawr wedi ei cherfio yn y graig ar

maps designed for various historical periods, including one for Britain before the Norman Conquest and another for Monastic Britain, make no attempt to show pilgrim roads in any part of Wales. On the basis of circumstantial evidence and small sections of roads and trackways traditionally known as 'pilgrim ways' we can attempt a general reconstruction. It would appear that there were three major approach roads used by pilgrims to St. David's from South and Mid-Wales. There was, first of all, the West Wales coast road and, secondly, a road that followed the edge of the South Wales Coastal Plain, and lastly a number of old roads and trackways lying between them. (Fig. II).

We are fortunate in having interesting contemporary literary evidence for the use in the Middle Ages of the coast road throughout the whole length of Wales from north to south. It is to be found in a poem ('A Girl's Pilgrimage') by the famous Welsh poet Dafydd ap Gwilym, a contemporary of Chaucer. The poem concerns a young lady from Anglesey who goes on pilgrimage to the Shrine of St. David to seek his pardon for her great offence in rejecting the poet's love. The poet describes the route she took and makes particular reference to the various rivers she had to cross on her way. We hear of the crossing of the Menai Straits and then of the Traeth Mawr and the Traeth Bach in Gwynedd. Then she crosses the river Artro in Meirionnydd and has to pay a toll at a tollgate to enter Barmouth. Then she proceeds southwards over the Dysynni and with more difficulty over the wide estuary of the Dyfi. Proceeding southwards, she crosses the Rheidol near to Llanbadarn Fawr and afterwards the Ystwyth, and so on towards the Aeron and the Teifi and then along the north coast of Pembrokeshire. It is worth noting that the Ceredigion and North Pembrokeshire sections of this route have near to them many ancient churches dedicated to St. David, including Llan–non (dedicated to his mother) and Henfynyw (the old Menevia) where he was born. Further along, Blaenpennal (another David church) is reached, while in north Pembrokeshire the route passed on to Nevern; then further to the south-west was St. David's Chapel near Newport, and then the route passes Llanllawddog and Llanychaer, both churches dedicated to David. Traditions concerning this pilgrim route cluster heavily around Nevern with its great wayside

## PERERINDOD MERCH

Gwawr ddyhuddiant y cantref,
Lleian aeth er llu o nef,
Ac er Non, calon a'i cêl,
4  Ac er Dewi, Eigr dawel,
O Fôn deg, poed rhwydd rhegddi,
I Fynyw dir, f'enaid i,
I geisio, blodeuo'r blaid.
8  Maddeuaint, am a ddywaid,
Am ladd ei gwas dulas dig,
Penydiwr cul poenedig.
O alanas gwas gwawdferw
12  Yr aeth, oer hiraeth, ar herw.

Greddf ffôes gruddiau ffion,
Gadewis fy newis Fôn.
Crist Arglwydd, boed rhwydd, bid trai,
16  Gas, a chymwynas Menai.
Llifnant, garw luddiant guraw,
Llyfni, bo hawdd drwyddi draw.
Y Traeth Mawr, cludair fawr fodd,
20  Treia, gad fyned trwodd.
Y Bychan Draeth, gaeth gerrynt,
Gad i'm dyn gwyn hyn o hynt.
Darfu'r gweddïau dirfawr,
24  Digyfro fo Artro Fawr.
Talwn fferm porth Abermaw

Ar don drai er ei dwyn draw.
Gydne gwin, gad, naw gwaneg
28  Dysynni, dir Dewi deg;
A dwfn yw tonnau Dyfi,
Dwfr rhyn, yn ei herbyn hi.
Rheidol, gad er d'anrhydedd
32  Heol i fun hael o fedd.
Ystwyth, ym mhwyth, gad ym hon,
Dreisdew ddwfr, dros dy ddwyfron.
Aeron ferw hyson hoywserch,
36  Gad trwod fyfyrglod ferch.
Teifi deg, tyfiad eigiawn,
Gad i'r dyn gadeirio dawn.
Durfing drwy'r afon derfyn
40  Yr êl ac y dêl y dyn.

Mae'm hirffawd, mae ym mhorffor,
Os byw, rhwng Mynyw a môr;
Os hi a'm lladdodd oes hir,
44  Herw hylithr, hwyr y'i holir.
Maddeuid Mair, neddair nawdd,
I'm lleddf wylan a'm lladdawdd.
Diau, a mi a'i diaur,
48  Minnau a'i maddau i'm aur.

Dafydd ap Gwilym

## A GIRL'S PILGRIMAGE

Queen of consolation of the *cantref*,
A nun went for all the hosts of heaven
And for Non (the heart conceals it)
4 And for Dewi (a quiet Eigr)
From lovely Môn to the land of Mynyw:
May it be easy for her, my soul,
To seek (may the party prosper)
8 Forgiveness for what she said.
For killing her black and blue, sorrowful young man.
A thin, tormented penitent.
As compensation for the murder of the fellow bubbling
   with poetry.
12 She went (desolate longing) into outlawry.

   Resolutely did she with cheeks like red flowers flee.
My chosen one left Môn.
Lord Christ, let the enemy be generous,
16 Let Menai ebb and be kind.
May it be easy for her to go through to the other side
Of the flood-stream of Llynfi, a rough-hurling obstacle.
Y Traeth Mawr, a heap of great size.
20 Draw back, let her go through!
Y Bychan Draeth, narrow course,
Grant this passage to my blessed girl.
Copious prayers have been made,
24 Let Artro Fawr be tranquil.
I would pay the Abermaw ferry toll

To bear her yonder on the ebb-wave.
Nine waves of Dysynni, allow her of the colour of wine
28 To fair Dewi's land;
And deep are the waves of Dyfi,
Rough water, confronting her.
Rheidol, grant for your honour
32 A road to a girl generous with mead.
Ystwyth, in compensation, grant me that this girl
Might go, strong, full water, over your breast.
Aeron bubbling loud with high-spirited love,
36 Let the wisely-praised girl through you.
Handsome Teifi, ocean spur.
Permit the girl to increase her grace.
Vigorously through the boundary river
40 May the girl go and come back.

   She who is my great fortune, she's in purple.
Is, if she lives, between Mynyw and the sea;
If she slew me long ago.
44 Easy outlawry, gently will she be accused.
Let Mary forgive, patron hand.
My humble seagull who killed me.
Certainly, and I shall exonerate her.
48 I too shall forgive my gold one for it.

Dafydd ap Gwilym,
trans. Richard Morgan Loomis

ymyl y ffordd ac ysgafell (silff) a dir islaw lle penliniai'r pererinion i ddeisyf ar Ddewi i fendithio gweddill eu taith. Credir fod Nanhyfer yn orsaf gydnabyddedig a ddynodai ddechrau rhan olaf y daith. Dywed hen draddodiad bod llawer i bererin yn teimlo'i nerth yn pallu yma ar ôl cerdded milltiroedd maith dros dir garw, a bod rhai wedi marw a chael eu claddu yn y fynwent gerllaw.

Mae ffordd arfordir y De wedi ei diffinio'r gliriach fyth, gan ei bod yn dilyn ffyrdd Rhufeinig hŷn am gryn dipyn. O'r lle y saif Casnewydd yn awr, fe âi'r ffordd drwy Fro Morgannwg tuag at Ewenni, a chapel coffa i Ddewi gerllaw. Yna ymlaen at Abaty Sistersiaidd fawr Nedd. A'u hwynebau tua'r gorllewin, fe âi'r pererinion heibio i Langyfelach (eglwys bwysig arall i Ddewi) ac ymlaen drwy Lan-non arall i gyfeiriad Caerfyrddin. Yma, fe fyddent yn cyfarfod â'r 'ffordd draws' hynafol a phwysig yn dilyn afon Tywi — cawn sôn amdani eto. O Gaerfyrddin troai ffordd yr arfordir de-orllewin tua Llansteffan a chroesi rhyd bwysig ar afon Taf i Lanfihangel Abercywyn lle saif adfeilion capel pererinion hyd heddiw. Safai llety pererinion ('ysbyty') unwaith gerllaw'r eglwys ac mae dogfennau ar gael yn tystio i briordy bychan a berthynai i fynaich Cluny gael ei sefydlu gerllaw. Dywed coel gwlad fod y pum bedd hynafol sy'n agos at ei gilydd yn y fynwent yn feddau pum pererin ar eu ffordd i Dyddewi ac iddynt farw o newyn. Fe âi ffordd y pererinion wedyn drwy Landdowror (a'i 'feini pererinion') tua'r gogledd-orllewin naill ai tua Tafarn-sbeit neu tua mynachlog Sistersiaidd Hendy-gwyn. Mae'n bwysig cofio fod y mynachlogydd Sistersiaidd hyn ar y ffordd i Dyddewi yn enwog am eu lletygarwch wrth roi bwyd a llety i bererinion blinedig. Yn y cyswllt hwn rhaid i ni gofio bod y Mynaich Gwyn wedi meithrin perthynas agos â'r Cymry â'u dyheadau politicaidd a diwylliannol.

Rhwng dwy ffordd yr arfordir, y naill yn y gorllewin a'r llall yn y de, 'roedd sawl ffordd i Dyddewi a ddefnyddid yn gyson gan

cross cut in relief in stone, complete with a natural ledge below on which the devotees knelt in prayer bidding the Saint prosper the remainder of their journey. It is thought that Nevern was an accepted halting spot marking the beginning of the last stage of the pilgrimage. There is an old tradition that many travellers felt their strength failing at this stage after walking many miles over rough tracks and that some died and were buried in the churchyard nearby.

The South Wales coastal route is even more clearly defined, following for much of its course older Roman roadways. From the present location of Newport the route followed the Vale of Glamorgan towards Ewenni with a chapel to the memory of St. David nearby and then on to the great Cistercian Abbey at Neath. Proceeding westward the pilgrims would pass by Llangyfelach (another important David church) and on through another Llan–non towards Carmarthen. Here they would meet the important and ancient major 'cross route' following the Tywi Valley to be discussed later. From Carmarthen the coastal route proceeded south-westward towards Llanstephan and then crossed the Taf estuary, presumably by an important ford to Llanfihangel Abercywyn where a ruined 'pilgrim church' still stands. A pilgrims' lodge once stood near the church and we have documentary evidence that a small priory of Cluniac monks was established nearby. Legends have gathered around five ancient graves in the churchyard in close proximity to each other. The graves are supposed to be those of five pilgrims on their way to St. David's who had perished nearby from hunger. The pilgrim route now passed by way of Llanddowror (with its 'pilgrim stones') north-westward either towards Tavernspite or towards the Cistercian monastery of Tŷ-Gwyn-ar-Daf (Whitland). The great Cistercian houses on the way to St. David's were noted for their hospitality, offering food and lodgings for weary pilgrims. Behind this picture we recall that the Cistercian monks always identified themselves closely with the Welsh people and their aspirations, both politically and culturally.

Between the two coastal routes in the west and south respectively there were several cross routes to St. David's which

bererinion. Y bwysicaf ohonynt oedd hen lwybr a ddilynai rai o'r ffyrdd Rhufeinig. O Went yn y de-ddwyrain (gyda nifer o eglwysi megis Llanddewi Ysgyryd a Llanddewi Rhydderch) mae'r ffordd hon yn dilyn blaenau Wysg tua Llanfaes a'r Gaer Rufeinig ger Aberhonddu. Yna troai tua machlud haul gan barhau i ddilyn ffordd Rufeinig drwy'r Trallwng a Llywel i Langadog a wedyn ar hyd dyffryn Tywi i Gaerfyrddin, gan basio nifer o hen eglwysi Dewi ar y ffordd. Yng Nghaerfyrddin troai'r pererinion eu hwynebau eto tua'r gorllewin a dilyn llwybrau hydraul gerllaw Meidrum, ac yna ar hyd godreon deheuol Mynydd Preselau gerllaw Henllan Amgoed (eglwys arall i Ddewi) ac Abaty Hendygwyn ac yna'n syth ar draws gwlad i Dyddewi. Mae dogfennau ar gael sy'n tystio fod y ffordd hon yn cael ei defnyddio yn yr Oesoedd Tywyll cynnar, hynny yw yn nyddiau'r Seintiau Celtaidd. Daw'r hanes o lawysgrif o'r ddeuddegfed ganrif *De Situ Brecheniauc* (Disgrifiad o Frycheiniog) sy'n cynnwys deunydd llawer hŷn. Mae'n adrodd fel yr aeth Marchell merch Tewdrig a mam Brychan Brycheiniog (y brenin Gwyddelig hanner chwedlonol a roddodd ei enw i Frycheiniog, ac a fu yn dad, meddir, i deulu enfawr o saint) y ffordd hon i'r Porth Mawr, harbwr Tyddewi, ac oddi yno i Iwerddon i briodi â thywysog Gwyddelig o'r enw Amlach.

Mae'n ymddangos bod o leiaf ddwy ffordd gainc wedi uno â'r briffordd draws hon o'r Gogledd. Deuai'r naill dros y mynydd-dir o'r gogledd-ddwyrain lle cawn Landdewi, Llanddewi Fach, Llanddewi Abergwesyn, Llanddewi'r Cwm a Chregrina, Glasgwm a Rhiwlen (yr eglwysi gan mwyaf yn coffáu Dewi) i mewn i Flaenau Tywi ac yn ymuno â'r briffordd ddwyrain-orllewin yn Llangadog neu Lanymddyfri. Rhedai'r ffordd gainc arall ymhellach i'r gorllewin, gan ddod i lawr o'r Gogledd i Geredigion drwy Ysbyty Cynfyn, Ysbyty Ystwyth, Pontarfynach, ac ymlaen i Abaty Ystrad-fflur, ac yna drwy Flaenpennal, Llanddewibrefi, Llan-crwys a Dyffryn Cothi i Abergwili a Chaerfyrddin, lle ymunai â'r hyn a oedd o bosibl yn briffordd tua'r gorllewin. Dylid sylwi'n arbennig ar y ffordd gainc hon gyda'r enwau yn cynnwys 'ysbyty' (a olygai gynt le i orffwys neu i aros) ac abaty Sistersiaidd

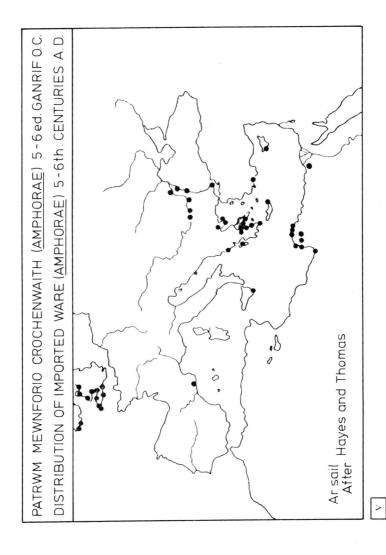

PATRWM MEWNFORIO CROCHENWAITH (AMPHORAE) 5-6ed. GANRIF O.C.
DISTRIBUTION OF IMPORTED WARE (AMPHORAE) 5-6th. CENTURIES A.D.

Arsail Hayes and Thomas

v

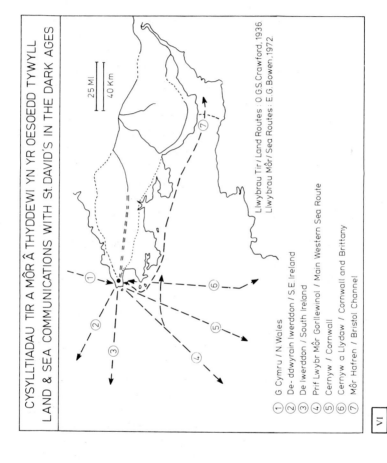

CYSYLLTIADAU TIR A MÔR Â THYDDEWI YN YR OESOEDD TYWYLL
LAND & SEA COMMUNICATIONS WITH St. DAVID'S IN THE DARK AGES

25 MI
40 Km

Llwybrau Tir / Land Routes : O.G.S.Crawford, 1936
Llwybrau Môr / Sea Routes : E.G. Bowen, 1972

① G Cymru / N.Wales
② De- ddwyrain Iwerddon / S.E Ireland
③ De Iwerddon / South Ireland
④ Prif Lwybr Môr Gorllewinol / Main Western Sea Route
⑤ Cernyw / Cornwall
⑥ Cernyw a Llydaw / Cornwall and Brittany
⑦ Môr Hafren / Bristol Channel

VI

appear to have been much used by pilgrims. The chief of these was a very ancient route that followed some of the older Roman roads. From Gwent in the south-east (with several churches such as Llanddewi Ysgyryd and Llanddewi Rhydderch dedicated to St. David), this route followed the upper Usk valley towards Llanfaes and the Roman Caer near Brecon. Then it turned westwards, still following a Roman road via Trallwng and Llywel to Llangadog and, subsequently, followed the Tywi Valley to Carmarthen with many old Dewi churches en route. At Carmarthen the pilgrims would turn westward and follow well-known tracks near to Mydrim, then along the southern foothills of the Preseli near to Henllan Amgoed (another St. David's Church) and Whitland Abbey, and then directly across country to the shrine at St. David's. There is very interesting documentary evidence for the use of this route in the early Dark Ages, that is in the days of the Celtic Saints. The record we possess comes from a twelfth-century manuscript (containing much earlier material) known as *De Situ Brecheniauc* (a description of Breconshire). This tells of Marchell, daughter of Tewdrig and mother of Brychan Brycheiniog (the semi-legendary Irish King who gave his name to the modern Breconshire, and was said to have been the father of a prodigiously large family of Saints), proceeding this way to Porth Mawr, the harbour of St. David's, and hence to Ireland to marry Amlach, an Irish Prince.

At least two branch routes seem to have joined this main cross-country route from the north, one of which came over the mountain country from the north-east where we find Llanddewi, Llanddewi Fach, Llanddewi Abergwesyn, Lianddewi'r Cwm and Cregrina, Glasgwm and Rhulen (in most of these churches St. David is remembered) into the Upper Tywi valley joining the main east-west route at Llangadog or Llandovery. The other tributary route lay further west, coming down from the North into Ceredigion via Ysbyty Cynfyn, Ysbyty Ystwyth, Pontarfynach, on to Strata Florida Abbey, then via Blaenpennal, Llanddewibrefi, Llancrwys, and the Cothi valley to Abergwili and Carmarthen, where it joined what was possibly the main east-west route. Special note should be made again of this tributary route with place-names like Ysbyty (a hospice, resting place or lodging place) and the great

bwysig Ystrad-fflur (lle addas i gael seibiant a lle rhoddwyd bwyd a diod yn hael), a hefyd Llanddewibrefi, lle y gellir ei ystyried yn 'ail brif ganolfan' i Dyddewi.

Yn ogystal â'r eglwysi a'r capeli mynych sy'n dwyn enw Dewi ar hyd y ffyrdd hyn, 'roedd llawer ffynnon sanctaidd yn ei goffáu hefyd. Fe ellir olrhain cyltiau yn gysylltiedig â ffynhonnau sanctaidd yn ôl i'r cyfnod cyn-Gristnogol ac i'r gred gyntefig mewn animistiaeth a natur-addoliad. 'Roedd dŵr yn adfywio dyn ac anifail ar ôl lludded ac fe allai ffynhonnau, felly, yn hawdd gael y gair o fod yn meddu ar rinweddau iachusol, a dod yn boblogaidd iawn oherwydd hynny. Cam byr fyddai i bistyll neu ffynnon ddatblygu priodoleddau dwyfol a'r rheini yn ymbersonoli yn ysbryd y ffynnon a chael eu cysylltu yn ddiweddarach â sant neu rywun â galluoedd goruwchddynol. Fe fethodd Cristnogaeth â dirymu'r gred ynglŷn â galluoedd goruwchnaturiol ffynhonnau ac fe etifeddodd y sant a'i piau yn ddiweddarach rin ei gorffennol paganaidd. Dengys Ffig. IV leoliad tua deuddeg ar hugain o ffynhonnau yn dwyn enw Dewi. O fewn *patria* neu 'gylch dylanwad' y sant y mae'r rhain, a'r nifer mwyaf ohonynt yn ardal Tyddewi. Mae'r ffaith na wyddom am unrhyw ffynnon yn dwyn enw Dewi yng Ngogledd Cymru yn arwydd fod cwlt Dewi yn yr Oesoedd Canol yn gyfyngedig i ranbarth neilltuol.

'Roedd poblogrwydd y ffynhonnau sanctaidd hyn yn ddifesur, yn enwedig rhai Dewi. Dylifai pobl atynt i wella anhwylderau o bob math, ac yn y gwledydd Celtaidd cyrchai pobl at ffynhonnau Dewi i wella afeichydon llygaid. 'Roedd Ffynnon Dewi, ychydig i'r de-ddwyrain o Hendy-gwyn, yn enwog iawn am ei gallu i wella dolur llygad. Dywedir i Ddewi unwaith rwystro pla rhag lledu. Yn ogystal â gwella pobl, 'roedd gan y ffynhonnau sanctaidd alluoedd dewinol a phroffwydol ar gyfer y rhai a daflai binnau neu glytiau neu arian i mewn i'w dyfroedd. Er hynny, yr agwedd arbennig a gysylltir â gwyrthiau Dewi yw'r gallu i gymhwyso prosesau Natur er daioni a lles i ddyn. Er enghraifft, tarddodd ffynnon ym mhlwyf Llandysiliogogo pan orffwysodd Dewi yno un waith ar ei ffordd o Dyddewi. Gweddïodd ar Dduw am ddŵr i'w yfed gydai'i fara ac fe

Cistercian Abbey of Strata Florida among the hills (an obvious resting place where food and hospitality were readily given) and finally Llanddewibrefi which may be looked upon as the Saint's 'second capital' after St. David's.

In addition to the many churches and chapels dedicated to St. David along these pilgrim routes there were many sacred wells bearing his name. Cults associated with sacred wells can be traced back into pre-Christian times and into primitive animism and nature worship. Water afforded refreshment to man and beast after fatigue and it follows that wells could easily be assumed to possess medicinal virtues and so enjoyed a wide celebrity. It was a short step, therefore, to the deification of a well or fountain — its divinity personified in the form of a water spirit, characteristically later associated with a Saint or a person possessing superhuman powers. Christianity failed to do away with the belief in the supernatural qualities of wells and the Saint who in later times owned them simply entered upon the inheritance of the pagan past. Fig. IV shows the distribution of some thirty-two wells bearing St. David's name. These are within the Saint's own *patria* or 'sphere of influence', with marked concentration in the St. David's area. As a further indication of the fact that the cult of St. David was in the Middle Ages essentially regional in character, we know of no sacred wells dedicated to him in the whole of North Wales.

The popularity of sacred wells, and, in particular, those of St. David, was enormous. They were resorted to for the cure of infirmities of all kinds and in the Celtic lands (which included Wales, Ireland, Cornwall and Brittany) the David wells were valued in particular for the cure of diseases of the eyes. Ffynnon Dewi, just south-east of Whitland, had a high reputation for its powers of curing sore eyes. St. David was said to have been able to arrest the spread of plague. In addition, the sacred wells often had powers of divination and ability to foretell the future to those who dropped pins, rags or coins into their waters. Even so, it is the power of being able to adjust the processes of Nature for human good and well-being that is most clearly associated with St. David's miracles. For example, his well in the parish of Llandysiliogogo came into being while David, on one occasion, rested here while walking from St. David's. He prayed to God for

darddodd ffynnon yn y fan a'r lle. Bendithiodd Dewi'r ffynnon, a
byth oddi ar hynny nid yw'n rhewi'n gorn yn y gaeaf nac yn
sychu'n hesb yn yr haf.


Gymaint oedd enwogrwydd a rhagoriaeth Dewi oherwydd ei
sancteiddrwydd a'i allu gwyrthiol, cyn ac ar ôl ei farw, fel y
cynyddodd y pererindodau i'w feddrod yn gyflym ymhlith y rhai a
ddymunai gael ei fendith neu ei nodded neu weddïo wrth ei feddrod
pan oeddynt mewn angen. Yn gynnar yn y ddeuddegfed ganrif, fe
lwyddodd ei gefnogwyr mewn swyddi uchel i gael gan y Pab
gydnabod cwlt Dewi yn swyddogol. Fe ganoneiddiwyd Dewi yn
ystod offeiriadaeth y Pab Calixtus yr Ail, rhwng O.C. 1119 a 1124.
Dewi oedd yr unig sant Celtaidd i gael ei anrhydeddu fel hyn. Ar yr
un pryd fe gyhoeddodd y Pab y byddai dwy bererindod i Dyddewi
yn gyfartal ag un i Rufain, ac y byddai tair yn gyfartal ag un i
Gaersalem. Fe ychwanegodd yr anrhydedd mawr hwn at fri a
statws Dewi, ac felly fe gynyddodd y pererindota at ei feddrod
mewn maint a phwysigrwydd.


Perthynai'r pererinion i bob dosbarth mewn cymdeithas —
brenhinoedd, tywysogion, gwreng a bonedd, hen ac ifanc, tlawd a
chyfoethog; pawb yn awyddus i dalu teyrnged i'r Sant a derbyn
bendith ganddo. Deuai rhai â rhoddion gwerthfawr ac offrymau o
aur ac arian i'r beddrod, fel y gwnaeth tri o frenhinoedd mwyaf
Lloegr yn yr Oesoedd Canol — Gwilym y Gorchfygwr yn 1079,
Harri'r Ail yn 1173 ac Edwart y Cyntaf a'i frenhines yn 1275.
Gymaint oedd parch a bri creiriau Dewi fel y llwyddodd dwylo
blewog rhain pererinion, aelodau o'r teulu brenhinol hyd yn oed, i
ddwyn rhai creiriau a oedd yn berchen ar alluoedd dewinol, fel y
gwnaeth Edwart y Cyntaf. Gwyddom i'r brenin hwnnw osod un o
greiriau Dewi ar allor fawr eglwys Santes Helen Fawr yng
ngogledd Lloegr, ac yn rhestr eiddo'r brenin a wnaed ar ôl iddo
farw, fe gofnodir blwch yn cynnwys *brachium Sci David* (braich
Dewi Sant).

water to drink with his bread and the well miraculously appeared.
The Saint then blessed the well, which never freezes in winter and
never dries up in summertime.

So great was the reputation and prestige of St. David for his
holiness and miraculous powers, both before and after his death,
that pilgrimages to his shrine grew apace among all who wished for
his blessing or protection or to pray at his shrine in time of need. In
the early twelfth century his supporters in high places succeeded in
obtaining official recognition of his cult in Rome, and he was
canonised during the pontificate of Pope Calixtus II between the
years 1119–24. David was the only Celtic Saint ever to be
honoured in this way, and at the same time the Pope ordained that
two pilgrimages to St. David's would equal one to Rome and that
three visits would be equivalent to one to Jerusalem itself. This
great distinction increased the prestige and status of St. David still
further and pilgrimages to his shrine increased in number and
importance accordingly.

Those who came on pilgrimage came from all stations in life —
kings and nobles, princes and peasants, old and young, rich and
poor, all eager to do homage to the Saint and receive his blessing.
Some brought precious gifts and offerings in gold and silver to the
shrine, as did three of the greatest English kings of the Middle Ages
— William the Conqueror in 1079, Henry II in 1173, Edward I and
his Queen in 1275. So greatly revered and sought after were the
Saint's relics that some pilgrims, even those of Royal status,
managed to take away some relic possessing magical powers.
Edward I did so, for we know that the King placed a relic of St.
David on the High Altar of the church of the Great St. Helen in the
North Country, while in the inventory of the King's effects taken
after his death there is recorded a casket containing *brachium Sci
David* (St. David's arm).

## V   NAWDDSANT

Fe ddaw'r darlun cyntaf a gawn o Ddewi fel arweinydd cenedlaethol o'r gerdd y soniwyd amdani eisoes sef 'Arymes Prydein Vawr', lle ceir portread ohono fel sant milwriaethus yn arwain y Celtiaid i fuddugoliaeth yn erbyn y Saeson gelyniaethus. Fe wnaeth y diweddar Syr Ifor Williams astudiaeth fanwl o'r gerdd hon ac ar sail tystiolaeth enwau lleoedd, mae'n sicr mai gwaith rhywun o'r De ydyw. Gall mai dyma'r rheswm paham y mae'n cynnwys cynifer o gyfeiriadau at Ddewi Sant heb sôn yr un gair am unrhyw sant arall. Er na ellir dyddio'r llawysgrif sy'n cynnwys y gerdd yn gynharach na'r drydedd ganrif ar ddeg, mae hi'n amlwg yn cynnwys elfennau yn perthyn i gyfnod cynharach. Cerdd boffwydol ('brud') yw hi, a'r bardd yn galw ar wŷr y Deheubarth, Cernyw, Llydaw a Strathclud, ynghyd â Daniaid Dulyn, i uno o dan faner Dewi: 'a lluman glan dewi a dyrchafant'. Credir bod y bardd o blaid gwrthwynebwyr Hywel Dda yn eu bwriad yn ceisio gwrthsefyll gallu'r brenin Seisnig. Os gwir yr awgrym gellir dyddio'r gerdd rhwng 927 a 931 pan oedd Aethelstan yn gwasgu'n drwm ar frenhinoedd y Gorllewin ac fe ystyrid Hywel Dda yn Hendy-gwyn mewn cyngrair ag fe. Ymddengys bod y gerdd yn awgrymu bod Dewi eisoes yn cael ei ystyried yn Nawddsant De Cymru, a'i faner, neu'n fynych ei greiriau, o bosibl, yn cael eu cludo ar flaen byddin mewn brwydr, i geisio ennill buddugoliaeth drwy hynny. Yn y cyswllt hwn, mae Dewi'n ymddangos fel ffigwr nodweddiadol o'r Cyfnod Arwrol Brythonig, yn debyg i Arthur, yn ymladd yn erbyn yr Eingl-Saeson ac yn sicrhau buddugoliaeth derfynol i'w ddilynwyr. Dyma'r ddelwedd ohono a wnaeth gymaint yn ddiweddarach i sicrhau bod Dewi'n dod i'r amlwg fel Nawddsant ac arweinydd cenedlaethol ledled Cymru. Cyn archwilio'r ffactorau a fu'n gyfrifol am hyn, mae'n werth nodi fod gennym dystiolaeth bendant fod creiriau Dewi yn cael eu cario i'r frwydr weithiau yn amser rhyfel. Yn 1326 fe ofynnwyd i drigolion Tyddewi gydymdeithio gyda'r Esgob yn adeg rhyfel ac i 'gludo'r blwch lle cedwid creiriau Dewi Sant daith diwrnod allan o'r ddinas'.

## V  PATRON SAINT

The first picture we have of St. David as a patriotic leader comes from the poem already mentioned, 'Arymes Prydein Vawr', where he is portrayed as a soldier-saint leading the Celts to victory against the hated English. The poem has been very carefully studied by the late Professor Sir Ifor Williams who is certain from the place name evidence contained in it that it is a work of South Wales origin. This is important as it may well be the reason why it contains several references to St. David while no other Celtic Saint is mentioned at all. Although the actual manuscript in which the poem occurs cannot be dated earlier than the thirteenth century, it clearly contains material belonging to an earlier period. It is written in a prophetic vein, with the poet calling on the men of South Wales, Brittany, Cornwall, and Strathclyde, together with the Danes of Dublin, to unite under the banner of David: 'a lluman glan dewi a dyrchafant' (and they shall raise the fair banner of Dewi). It is thought that this was in support of the party in South Wales which was seeking to resist the power of the English King, unlike the Quisling, Hywel Dda. If this suggestion is correct the poem can be dated between 927–931 when Aethelstan was exerting his power strongly against the Western Kings, while Hywel Dda in Tŷ-Gwyn-ar-Daf was considered to be in league with the English King. It would appear from this poem that St. David was already considered the Patron Saint of South Wales and the Saint whose banner, or it may often be his relics, were carried before men in battle, seeking thereby to achieve victory in the field over the enemy. In this context Dewi emerges as a typical figure of the British Heroic Age, like King Arthur, fighting the Anglo-Saxons and assuring his men of the ultimate victory of their arms. It was this image of Dewi that did much in later years to ensure his emergence as Patron Saint and national leader of both South and North Wales. Before proceeding to examine the many factors that helped to bring this about, it is worth noting that we have direct evidence that the actual relics of St. David himself were sometimes carried to battle in time of war. In 1326 the townspeople of St. David's were requested to accompany the Bishop in wartime and 'to convey the feretory containing Holy David's relics for one day's journey out of the city'.

Er mwyn deall y datblygiadau a oedd i gyfrif yn bennaf fod Dewi wedi ennill rhagoriaeth fel Nawddsant Cymru gyfan, rhaid edrych ar bolisi cyffredinol y Normaniaid tuag at yr Eglwys Geltaidd fel yr oedd hi yng Nghymru yn gynnar yn yr unfed ganrif ar ddeg. 'Doedd gan esgobaethau'r eglwysi cadeiriol ddim ffiniau daearyddol pendant. 'Roedd eu hesgobion o ran traddodiad yn esgobion llwythol a'u cadeiriau yn agos at ganolfannau'r llwythau. 'Roedd gan yr esgobion lai i'w wneud â materion gweinyddol a threulient y rhan fwyaf o'u hamser yn cynnal gwasanaethau'r eglwys. Eto, yr oedd cnewyllyn y pedair esgobaeth Gymreig wedi ymddangos cyn y Conwest Normanaidd, wedi ei seilio nid ar y patrwm Celtaidd ond ar y patrwm Lladin neu gyfandirol cyfarwydd a geid hefyd yn Lloegr. Ac eto, pan gyrhaeddodd y Normaniaid yr oedd gan bob un o'r esgobaethau Cymreig (a oedd erbyn hyn o fewn ffiniau daearyddol fwy neu lai) esgob Celtaidd yn ben arni. Felly, o safbwynt y Norman, rhaid oedd sicrhau rheolaeth ar etholiadau esgobion y dyfodol yng Nghymru, a gweld eu bod yn ufudd i Gaer-gaint. Erbyn dechrau'r ddeuddegfed ganrif yr oedd y Norman wedi treiddio i Dde a Gorllewin Cymru, a'i afael ar y tiroedd brasaf yn sicr. Yn y de-orllewin pell yr oedd *patria* neu *parochia* Dewi, ysbail o'r pwysigrwydd mwyaf ac yn hawdd ei chipio gan rym milwrol. Yn 1115 felly 'roedd Harri'r Cyntaf yn medru sefydlu clerigwr o Norman, Bernard, yno fel Esgob Tyddewi, wedi ei ordeinio gan Archesgob Caer-gaint y cyfnod.

Ond nid dyma ddiwedd y stori. Os bu Tyddewi'n hawdd ei gipio nid oedd mor hawdd dal gafael arno. Yn ddiweddarach yn y ddeuddegfed ganrif fe gododd gwrthwynebiad cryf ymhlith y Cymry i'r ymdreiddio hwn. 'Roedd hyn yn amlwg iawn yng Ngwynedd a oedd yr adeg honno o dan awdurdod Owain Gwynedd, gŵr galluog a nerthol a oedd wedi gwrthod esgob Normanaidd a apwyntiwyd i Fangor, ac wedi mynnu mai yn ei law ef yr oedd y dewis. Ymhellach i'r dwyrain yr oedd esgobaeth Llanelwy yn wag yr adeg yma, a bu'n rhaid i'r Normaniaid apwyntio un o'u pobl hwythau ar frys gwyllt i geisio osgoi rhagor o drafferthion. Yn y cyfamser, yn ne-ddwyrain Cymru, fe sicrhawyd dylanwad y Norman yn Llandaf, fel y gellid disgwyl, gan fod yr

In order to understand the developments that were mainly responsible for David's winning for himself an undisputed place as the Patron Saint for the whole of Wales, it is necessary to examine the overall policy of the Normans towards the Celtic Church as they found it in Wales in the early eleventh century. The cathedrals had no clearly defined dioceses attached to them in the territorial sense — their bishops were in origin tribal bishops and their seats close to the tribal centres. The bishops, too, were less concerned with administrative matters and gave most of their time to conducting the religious offices of the Church. Yet, before the Norman Conquest the four Welsh dioceses had appeared in embryo, as it were, based not on the Celtic, but on the familiar Latin or continental pattern — doubtless in imitation of their English counterparts. Nevertheless, when the Normans arrived each Welsh diocese (now on a rough territorial basis) had a Celtic bishop at its head. Thus, from the Norman point of view it became essential to secure control over the election of bishops in future in Wales, and particularly to see that they would be subservient to Canterbury. By the beginning of the twelfth century the Norman barons had penetrated into South and West Wales and the richest lands were securely held. In the extreme south-west was located the *patria* or *parochia* of Dewi, clearly a prize of the greatest importance, which proved easy to obtain from the military point of view. In 1115, therefore, Henry I was able to install a Norman cleric, Bernard, as Bishop of St. David's and he was duly consecrated by the reigning Archbishop of Canterbury.

This, however, was not the end of the story. If St. David's proved easy to conquer, it proved difficult to hold. Later in the twelfth century there grew up a strong resistance among the Welsh to Norman infiltration. It was particularly marked in Gwynedd which was then under the control of the able and powerful Owain Gwynedd, who had rejected a Norman bishop appointed to Bangor and insisted that his successor should be a person of his own choice. Further to the eastwards, the bishopric of St. Asaph was vacant at this time and the Normans were forced to make a somewhat hasty appointment of one of their men in order to try to avoid further trouble. Meanwhile, in south-eastern Wales Llandaf came more securely under Norman influence, as was to be expected in an area

ardal ar drugaredd y Norman o'r dwyrain. Yn y rhanbarth yma fe
apwyntiwyd Urban, esgob Normanaidd Llandaf, yn Esgob
Morgannwg i gychwyn, ffaith a oedd yn adlewyrchu'r sefyllfa
hanesyddol-ddaearyddol ar y pryd. Er hynny, fe barhai Tyddewi'n
broblem. Ond mae'n bwysig cofio i'r Esgob Bernard, ar ôl iddo
gyrraedd, dyfu'n fwy ymwybodol o'r hawliau hanesyddol a wnaed
gan ei siapter a'r offeiriaid o Gymry o'i gwmpas ynglŷn â statws
honedig Tyddewi gynt fel archesgobaeth annibynnol, a phender-
fynu mynd â'r achos i Rufain i frwydro drosto. 'Roedd Owain
Gwynedd a'i frawd yn y Gogledd yn ddigon llygatgraff i weld
posibiliadau gwerthfawr iddynt hwythau o gael archesgob gwladol
yng Nghymru yn annibynnol ar Gaer-gaint, a'i ganolfan yn
Nhyddewi. Rhoesant gefnogaeth gref i hawliau'r Esgob Bernard.
Dyma Gymru gyfan felly yn cydweithio, ac yn barod i gydnabod
blaenoriaeth Tyddewi. Fe olygai hyn fod statws yr eglwys
gadeiriol fawr a bri Dewi Sant bron yn anwahanadwy. Ym meddwl
llawer yr oedd y cyfan a olygai goruchafiaeth Dewi Sant yn
Llanddewibrefi ar fin cael ei wireddu. Ond boed hynny fel y bo, fe
fanteisiodd y Normaniaid ar· y sefyllfa eglwysig-boliticaidd yng
Nghymru i gryfhau eu gafael nid yn unig wrth ymwneud â'r brenin
ond hefyd wrth ymwneud â gallu cynyddol Caer-gaint. Er i
ymdrechion Bernard fethu, 'roedd bri a dylanwad Dewi wedi lledu
allan o'r ardal lle cychwynnodd yn ne-orllewin Dyfed a'u taenu
drwy Gymru benbaladr. Fe ellid yn awr gydnabod hawl gyfiawn
Dewi i'w alw'n Nawddsant Cymru gyfan.


    Newydd ddechrau yr oedd yr ymryson i gadw statws annibynnol
Tyddewi. Yn ddiweddarach, fe barhaodd Giraldus Cambrensis
(Gerallt Gymro), nai i'r esgob a olynodd Bernard, i ddadlau dros
annibyniaeth Tyddewi ar Esgobaeth Caer-gaint o flaen y Pab mawr
Innocent III (1198–1216). Hwn oedd y Pab mwyaf, fe ddichon, i
eistedd ar orseddfainc Pedr erioed. Fe aeth Gerallt ar deithiau
niferus ac anodd dros yr Alpau i gyflwyno achos Tyddewi gerbron
y Pab ei hun. Yn hyn fe enillodd nid yn unig ddiddordeb effro ond
hefyd gefnogaeth drylwyr Llywelyn ab Iorwerth (Llywelyn Fawr),
Tywysog Gwynedd. Fe wrandawodd y Pab yn astud, ac yn wir
'roedd Gerallt yn ŵr wrth ei fodd, ond dadleuodd yn gryf (fel y

that lay wide open to Norman conquest from the east. In this area the Norman Bishop Urban of Llandaf was first of all appointed Bishop of Glamorgan, which in many ways reflects the historical-geographical situation at the time. Nevertheless, St. David's remained a problem. It is, however, extremely important to note that after his arrival Bishop Bernard became increasingly impressed by the historical claims made by his Chapter and the Welsh clergy around him concerning the supposed former status of St. David's as an independent Archbishopric, and he decided to pursue these claims in Rome. Owain Gwynedd and his brother in the North were not slow to see the potential value to themselves of a Metropolitan Archbishop in Wales independent of Canterbury and located at St. David's. They were strongly in support of Bishop Bernard's claims. Here, then, was the whole of Wales working together, and prepared to accept the primacy of St. David's. All this implied that the status of the great cathedral and the fame of St. David had become almost inseparable. In the minds of many, all that had been envisaged in David's triumph at Llanddewibrefi was about to come to pass. However this may be, the ecclesiastical-political situation in Wales enabled the Norman Bishops to play a strong hand in their dealings not only with the King but also with the ever-increasing power of Canterbury. Although failure attended Bishop Bernard's efforts, the prestige and the cult of the founder of his Cathedral had spread far and wide from its original area of characterisation in south-western Dyfed to cover the whole of Wales. David could now justifiably be claimed as the Patron Saint of all Wales.

The struggle for the independent status of St. David's had only just begun. Later it was Giraldus Cambrensis (Gerald of Wales), nephew of David Fitzgerald (Bernard's successor at St. David's), who was to continue to argue the independence of St. David's from the See of Canterbury before the great Pope Innocent III (1198–1216). Gerald made several long and difficult journeys across the Alps to put the case for St. David's before the Pope in person. Throughout he obtained not only the lively interest but also the fullest support of Llywelyn ab Iorwerth (Llywelyn the Great), Prince of Gwynedd. Innocent listened attentively and, indeed, greatly admired Gerald as a person but argued strongly (as might be

gallesid disgwyl) na allai gael dim yn archifau'r Babaeth i brofi i
Dyddewi erioed fod yn annibynnol ar Gaer-gaint, nac yn
archesgobaeth nac ychwaith iddi ddatblygu statws metropolitan.
Ymhen dwy ganrif arall, fe atgyfododd Owain Glyndŵr a'i
gynghorwyr y syniad o wneud Cymru gyfan yn rhanbarth
annibynnol ar yr eglwys ym Mhrydain, gyda'i harchesgob ei hun a
chanddo statws metropolitan. Ond nid felly y bu. Rhaid i ni aros tan
1920 (ar ôl datgysylltu a dadwaddoli'r Eglwys yng Nghymru) i'n
gwlad gael ei harchesgob ei hun. Efallai y gwelir, ryw ddydd,
sefydlu'r archesgobaeth yn barhaol yn Nhyddewi.


Cyn i ni fynd ymlaen i ystyried Dewi fel nawddsant yn y byd
sydd ohoni, hynny yw, wedi'r Dadeni a'r Diwygiad Protestan-
naidd, mae'n werth myfyrio am foment dros y sefyllfa yng
Nghymru Glyndŵr, a'i ymgais ef i ddatrys un o broblemau mwyaf
anodd Cymru, sef sut i gyfuno gwladgarwch a gweinyddiaeth
gwlad. Golygai hynny glymu'r ymwybyddiaeth genedlaethol wrth
dir a daear Cymru. Fe welsom sut y daeth Dewi yn Nawddsant
Cymru a'i eglwys gadeiriol wedi ei gosod gan hanes o'r naill ochr
mewn cornel anghysbell. 'Roedd Glyndŵr yn ymwybodol o hyn a
dymunai weld Cymru'n cael archesgob yn Nhyddewi gyda statws
metropolitan yn annibynnol ar Eglwys Loegr. Yr anhawster oedd
cyfuno hyn â'r wladwriaeth Gymreig a oedd newydd ei sefydlu.
Byddai'n rhaid iddi, os oedd i weithredu yn effeithiol, gael Senedd
sefydlog mewn prifddinas a fyddai'n gartref i sefydliadau
cenedlaethol eraill. Fe alwodd Glyndŵr, lawer gwaith, senedd
Gymreig yn cynrychioli Cymru gyfan ond fe gyfarfu'r senedd hon
mewn gwahanol leoedd — Machynlleth, Dolgellau, Harlech a
Phennal. Yn yr un modd, fe ddychmygodd brifysgol i Gymru
gydag un coleg yn gwasanaethu'r Gogledd a'r llall y De, ond
'doedd dim *un* ganolfan lle y gallai grynhoi'r rhain i gyd, gan
gynnwys ynddi, yn ddelfrydol, eglwys gadeiriol genedlaethol ar
enw Dewi, y Nawddsant. Ar ystlysau gorllewinol Pumlumon y
mae canol daearyddol Cymru, ac ni allasai unrhyw arweinydd, pa
mor nerthol bynnag y byddai, sefydlu Canberra ganoloesol, fel
petai, ar y safle hwn. Felly, pan fachludodd haul Glyndŵr, ychydig
iawn o gynnydd a gaed.

expected) that he could find nothing in the archives of the Papal See to show that St. David's had ever been independent of Canterbury or been an Archbishopric or attained Metropolitan status. Two centuries later, Owain Glyndŵr and his advisers seriously revived the project of making the whole of Wales an independent Province of the Church in Britain with an Archbishop who would have Metropolitan status. But it was not to be, and we had to wait until 1920, following upon the disestablishment and disendowment of the Church in Wales, for our country to have its own Archbishop — whose Archbishopric may yet, some day, be permanently established at St. David's.

Before we proceed to consider St. David as a Patron Saint in the modern world, that is in the post-Renaissance, post-Reformation world, it is worth reflecting for a moment on the situation in the days of Owain Glyndŵr, who attempted to solve the most difficult of all Welsh problems wherein national feeling could be united with statecraft. This would involve relating national consciousness to the Welsh terrain. St. David, as we have shown, had become the Patron Saint of the whole of Wales with his Cathedral asymmetrically placed in the course of history in one remote corner. Glyndŵr fully recognised this and wished Wales to have an Archbishop at St. David's with Metropolitan status independent of the English Church. The difficulty was to integrate this with a newly established Welsh state which, to be efficient, must have a permanent parliament in a capital city where also other national institutions could be established. Glyndŵr called a Welsh parliament on several occasions which was representative of all areas of Wales, but these parliaments met in different places, Machynlleth, Dolgellau, Harlech and Pennal. Likewise, he envisaged a university for Wales with one college to serve the North and another the South, but there was no centre where he could place all these together including, ideally, a national cathedral dedicated to St. David, the Patron Saint. The real geographical centre of Wales is on the western flanks of Pumlumon and no leader, however powerful, could have established a kind of medieval Canberra on this site. Thus, when the military aspect of the Glyndŵr movement collapsed, things in Wales remained very much the same.

Dim ond pan ddown ni at yr unfed ganrif ar bymtheg y gwelwn ni newidiadau chwyldroadol yn digwydd, sef yr hyn a adwaenwn ni heddiw wrth y termau Dadeni a Diwygiad Protestannaidd. 'Roedd hon yn adeg o argyfwng i gwlt Dewi Sant a'i draddodiad hir. Drwy gydol yr Oesoedd Canol bu'r beirdd yn canu ei glod, gan bwysleisio ei fywyd sanctaidd, ei fynych wyrthiau a'i arweiniad mewn brwydr. Cyplyswyd yr olaf â'r traddodiad brud a drosglwyddwyd o'r Oesoedd Arwrol, yn darogan y fuddugoliaeth oedd ar ddod i'r Cymry yn erbyn y Saeson. Er nad yw hyn yn ychwanegu dim at ein gwybodaeth hanesyddol am Ddewi, eto i gyd, fe ychwanegai at ei hawl di-wrthwynebiad i gael ei gydnabod yn Nawddsant Cymru.

Fe daflodd y Dadeni a'r Diwygiad eu cysgodion i wahanol gyfeiriadau dros y traddodiadau am Ddewi Sant. Er enghraifft, credai llawer o Gymry a ddilynodd Harri Tudur i Faes Bosworth, ac oddi yno i Lundain, fod proffwydoliaethau'r hen feirdd wedi cael eu gwireddu. Dyma dywysog Cymreig yn eistedd ar orsedd Lloegr yn ôl y darogan. Oni threchwyd y Saeson ar Faes Bosworth? Dyma gyrraedd uchafbwynt eu huchelgais a pha beth oedd yn ôl ond dathlu'r achlysur ac elwa ar y fuddugoliaeth?

Fe wnaeth Harri Tudur lawer dros y traddodiadau Cymreig yn y llys brenhinol. Dywedir iddo neilltuo cronfeydd i helpu rhai o'i ffrindiau Cymreig niferus i ddathlu dydd Gŵyl Dewi gyda rhwysg. Ac onid oedd Shakespeare yntau yn ymwybodol o'r gwladgarwch Cymreig hwn yn y llys? Dyma sut y brasgamodd Dewi allan o'r Oesoedd Canol, gan wisgo'i genhinen ar ddydd Gŵyl Dewi — y cyntaf o Fawrth (ar y dydd hwnnw y bu'r Sant farw yn ôl Rhigyfarch, er nad oes sicrwydd pa flwyddyn). Mae'r dyfnyniad enwog o *Henry V* gan Shakespeare yn dweud y cyfan: mae'r gwlatgarwr Fluellen (Llywelyn) yn annerch y brenin: 'Ac 'rwy'n credu nad yw eich Mawrhydi yn ei thybio'n drais wisgo'r genhinen ar ddydd Gŵyl Dewi'. Mae'n rhaid i ni wrth gwrs roi trwydded bardd i Shakespeare yn y ddrama hon. Harri'r Pumed yw'r brenin yn y dyfyniad hwn, ond mae'n amlwg mai awyrgylch digamsyniol Gymreig llys y brenin buddugol o linach y Tuduriaid (Harri'r Seithfed) ar ôl iddo esgyn i'w orsedd oedd gan y bardd yn ei feddwl. 'Does dim tystiolaeth ar glawr am y cysylltiad rhwng Dewi Sant a'r genhinen yn yr hen amser nac yn wir yn yr Oesoedd Canol.

It is only when we come to the sixteenth century that revolutionary changes take place — changes we know today as the Renaissance and the Reformation. This was a period of crisis for the cult of Dewi Sant and its long tradition. Throughout the Middle Ages the Welsh poets sang the praises of David emphasising his holy life, his many miracles and his leadership in battle. The latter was coupled with the prophetic tradition handed on from the Heroic Age which foretold the coming victory of the Welsh over the English in battle. While all this did not add anything to the story of the St. David of history, it was important in building up his unchallenged claim to be considered the Patron Saint of Wales.

The Reformation and the Renaissance cast their shadows in different directions on the traditions concerning David. Many Welshmen, for example, who had followed Henry Tudor to Bosworth and afterwards to London believed that the prophecy of the bards of old had come true — here was a Welsh Prince seated on the throne of England as had been foretold; and were not the English overcome on Bosworth Field? The climax had been achieved and what more was to be done than reap the fruits of victory?

Henry Tudor did much to carry Welsh traditions into the Royal Court. He is said to have put funds aside to help some of his many Welsh friends to celebrate St. David's Day at Court in style. And was not Shakespeare, too, fully conscious of this Welsh patriotism in court circles? So it was that St. Tavy (St. David) emerged from the Middle Ages complete with his leek on St. David's Day — March 1st (the day of the Saint's death according to Rhigyfarch, though there remains much uncertainty regarding the actual year in which this took place). The famous quotation from Shakespeare's *Henry V* says it all. The Welsh patriot Fluellen addresses the King: 'And I do believe that your Majesty takes no scorn to wear the leek upon St. Tavy's Day'. We must allow Shakespeare some poetic licence in the play as this remark is addressed to King Henry V, whereas it is obvious that what Shakespeare had in mind was the unmistakable Welsh atmosphere with which the victorious first Tudor monarch (Henry VII) had surrounded his court on ascending the throne. We have no evidence of the leek being associated with St. David in antiquity or, indeed, in the Middle Ages. It appears to

Mae'n debyg i hyn ddatblygu yng nghyfnod y Dadeni, er bod rhai ysgrifenwyr diweddarach (megis Iolo Morganwg) yn honni ei fod yn deillio o'r buddugoliaethau enwog lle bu'r Cymry ar y blaen, megis ym Mrwydr Creçy, 'ar faes lle tyfai cennin'.

'Roedd yn anodd i Brotestaniaid tanbaid y Diwygiad gymeradwyo bywyd sanctaidd Dewi o fewn y gorlan Babyddol (fel y tybid). Yn wir, yr oedd y Diwygwyr Protestannaidd yn ffieiddio cwlt y Seintiau (gan gynnwys un Dewi), a'r beddrodau a'r creiriau a'r pererindodau yn arbennig, a dirmygent ofergoelion Pabyddol a'r pardynau ffug a gynigid i'r anwybodus. 'Roedd agwedd Barlow, esgob enwog Tyddewi (1536–47), yn nodedig o chwyrn yn hyn o beth, a'i fryd ar ddifetha pob arlliw Pabyddol. Ond yn arwyddocaol iawn, yn ystod yr holl gythrwfl, arbedwyd delw Dewi. Fe wnaeth pob llywodraeth Brotestannaidd yn ei thro yn siŵr fod y pererindota yn dod i ben, a gallesid disgwyl y byddai cwlt Dewi Sant wedi dod i ben yn sydyn, ond nid felly y bu. Drwy ddehongliad cywrain, ond sicr ei sail, o hanes yr Eglwys, fe adferwyd yr Eglwys Geltaidd (eglwys Dewi Sant yn ystod ei fywyd) drwy edrych arni fel math o eglwys Gristnogol Gynnar yn y Gorllewin, eglwys a oedd yn bod yng Nghymru ymhell cyn i Eglwys Rufain ddod i'r parthau hyn drwy Gaer-gaint. Felly fe syniwyd am Eglwys Geltaidd Dewi Sant fel cangen ifanc gynnar, yn tarddu o'r eglwys Gristnogol gyntefig yn y Dwyrain. Ac felly, 'doedd ynddi ddim o'r llygredigaethau a'r ofergoel a grynhodd o gwmpas Eglwys Rufain yn ddiweddarach. Felly gellid dadlau nad oedd Dewi Sant wedi ei lychwino gan ddylanwadau Pabyddol, ac iddo fyw bywyd syml mynach Celtaidd a wasanaethodd Grist yn unig fel meistr. Coleddai Dr. Richard Davies, esgob Tuduraidd hyglod Tyddewi, y syniadau hyn ac fe ledaenwyd y gred yn ddiwyd ymhlith diwinyddion a haneswyr Protestannaidd ymhell ymlaen i'r ddeunawfed ganrif yng Nghymru. Felly, bu fyw cwlt Dewi Sant, yn gymeradwy gan eglwyswyr ac ymneilltuwyr.

Rhaid i ni'n awr droi yn ôl ac ystyried canlyniad pwysig arall i bolisi'r Tuduriaid. Fe symbylodd buddugoliaeth Harri'r Seithfed ar Faes Bosworth, a'r haelioni a ddangoswyd ganddo i'w gyd-wladwyr, lawer o Gymry i ymfudo i'w lys, ac eraill i'r brifddinas, i

emerge in Renaissance times, although some writers at a later date, with unbounded imagination (like Iolo Morganwg), claim that it was connected with outstanding victories where the Welsh distinguished themselves, as at the battle of Cressy which 'took place in a field of leeks'.

It was difficult for the ardent Protestants of the Reformation period to approve of David's holy life within (as they thought) the Roman Catholic fold. Indeed, the Protestant Reformers looked with horror on the cult of the Saints, David included, and especially on shrines, relics and pilgrimages, and showed complete contempt for Popish superstitions and deceitful pardons offered to the ignorant. The famous Bishop Barlow of St. David's (1536–47) assumed an extremely violent attitude in these matters, destroying all evidences of Popish survivals. Significantly, however, in this upheaval the statue of St. David was spared. Protestant governments in turn saw to it that pilgrimages came to an abrupt end and one would have expected as a result that the cult of St. David would fast disappear — but this was not the case. By an ingenious, though well based, interpretation of church history the Protestant Reformers rehabilitated the Celtic Church (the church of St. David in his lifetime) by looking upon it as a kind of Early Christian Church in the West — a church that was to be found in Wales long before the Church of Rome came to these parts via Canterbury. In this way, the Celtic Church of St. David was looked upon as youthful, deriving directly from the primitive Christian Church of the East. Consequently, it was free from the corruptions and superstitions that gathered around the Roman Church in later times. So it could be maintained that St. David was untainted by Popish influences and lived the life of a simple Celtic monk who served Christ alone as his Master. The great Tudor Bishop of St. David's, Richard Davies, held these views and the idea was strongly canvassed among Protestant theologians and historians well into the eighteenth century in Wales. In this way the cult of St. David lived on, acceptable to churchmen and nonconformists alike.

We must now retrace our steps and consider another important sequel of Tudor policy. Henry VII's victory at Bosworth and the benevolence he showed to his fellow countrymen in London

geisio gwneud eu ffortiwn ym myd busnes, gwleidyddiaeth a'r
Eglwys. Yn ystod y canrifoedd ar ôl hynny fe gynyddodd nifer
Cymry Llundain yn ddirfawr, ac fe allai llawer ohonynt olrhain eu
hachau yn ôl i gyfnod y Tuduriaid. Yn ystod y ddeunawfed ganrif,
yn enwedig, Cymry o'r teip hwn yn Llundain oedd yn gyfrifol i
raddau helaeth fod cwlt y Nawddsant yn blodeuo o'r newydd, er
mai yn Lloegr, ac nid yng Nghymru, y bu hyn! 'Roedd y gwŷr hyn
yn wladgarwyr pybyr ac yn edmygu Cymru a'i gorffennol yn fawr
iawn.

'Roedd y bywyd a'r diwylliant Cymreig a gronnai yn Llundain
yn adlewyrchu'r ffaith nad oedd gan Gymru yr adeg honno na thref
fawr na phrifddinas lle y gallai aelodau o'r teulu brenhinol fyw; ei
bod yn wlad nad oedd ganddi na phrifysgol nac academi lenyddol
na chanolfan i'r celfyddydau y gallai gwladgarwch Cymreig
grisialu o'u cwmpas. Yn Llundain yn unig y ceid digon o Gymry
pybyr a'r cyfoeth a'r tueddfryd ganddynt i gynnal cymdeithasau
gwladgarol llewyrchus. Yn wir, yr oedd Cymry Llundain, a llawer
o feirdd dawnus a llenorion yn eu plith, yn egnïol ac yn fywiog yn
chwarter olaf y ddeunawfed ganrif a dechrau'r bedwaredd ar
bymtheg. Fe flagurodd pedair cymdeithas ddiddorol a phwysig yn
y cyfnod hwn. Yn 1751 fe sefydlwyd Anrhydeddus Gymdeithas y
Cymmrodorion; yn 1771 y Gwyneddigion; yn 1790 y Caradocian;
ac yn 1795 y Cymreigyddion.

Byddai'r cymdeithasau hyn yn anrhydeddu'r Nawddsant gyda
brwdfrydedd gwladgarol. Un aelod blaenllaw a diddorol o'r
Gwyneddigion oedd Dafydd Samwell (Dafydd Ddu Feddyg,
1751–98). Ef oedd y prif feddyg ar fwrdd llong yr enwog Gapten
James Cook yn ystod ei drydedd daith arloesol i Foroedd y De. Ar
Ddydd Gŵyl Dewi 1777, tra 'roeddent yn hwylio rywle rhwng
Seland Newydd a Tahiti, cofiodd Dafydd Samwell am ei ffrindiau
a fyddai'n dathlu ddeng mil o filltiroedd i ffwrdd yn Llundain, a
chyfansoddodd gerdd wych 'Yn cyfarch Gŵyl Ddafydd, gwiw
ddefod'.

Yn ystod y bedwaredd ganrif ar bymtheg fe welwyd newid mawr
ym maint a dosbarthiad y boblogaeth ym Mhrydain, yn sgîl y
Chwyldro Diwydiannol. Bu cynnydd cyflym ym mhoblogaeth

encouraged, as we have seen, large numbers of Welshmen to emigrate to his Court and others to the capital city to seek their fortunes in business, politics and the Church. In the following centuries the number of London Welshmen grew enormously, many of whom could trace their ancestry to Tudor times. In the eighteenth century, in particular, Welshmen of this type in London were very largely responsible for seeing to it that the cult of the Patron Saint flourished anew — albeit in England rather than in Wales. These men were intensely patriotic and greatly admired Wales and its past.

This concentration of Welsh life and culture in London is a reflection of the fact that the Principality at this time lacked any large town or any capital city where representatives of the Royal House could live — a country where there was no university, no literary academy or centre for the arts around which a sense of Welsh patriotism could crystallise — it was only in London where there were to be found sufficient ardent Welshmen who possessed the wealth and inclination to maintain splendid patriotic Societies. Indeed, the London Welsh, many of whom were gifted poets and *littérateurs,* were exceptionally vigorous and active in the last quarter of the eighteenth century and the early years of the nineteenth. Four very interesting and important London Welsh Societies had their origin in this period. The year 1751 saw the establishment of the Honourable Society of Cymmrodorion; 1771 the Gwyneddigion; 1790 the Caradocian; and 1795 the Cymreigyddion.

These Societies had an intense patriotic regard for the Patron Saint. One interesting and prominent member of the Gwyneddigion was Dafydd Samwell (Dafydd Ddu Feddyg, 1751–98). He was chief surgeon to the famous Captain James Cook on his third voyage of discovery to the South Seas. On St. David's Day 1777, when they were somewhere between New Zealand and Tahiti, Samwell thought of his friends celebrating the occasion ten thousand miles away in London, and he wrote a fine poem in honour of the day.

The nineteenth century saw great changes in the number and distribution of population in Britain following upon the Industrial

meysydd glo'r De a'r Gogledd, a'r bobl yn dylifo yno o'r ardaloedd gwledig cylchynol i raddau, ond yn fwyaf arbennig o weddill Prydain. Mewnfudwyr nad adwaenent mo Ddewi Sant oedd mwyafrif mawr y boblogaeth. 'Roedd bywyd yn anodd yn ystod hanner cyntaf y ganrif, a thlodi ac aflendid cymdeithasol yn rhemp. Fe ddaeth gwellhad buan yn sgîl Deddf Addysg Foster (1870) a geisiai roi addysg elfennol i bob plentyn. A'r hyn 'roedd pobl yr wythdegau yn dechrau'i sylweddoli oedd fod byd newydd ar wawrio yn gymdeithasol ac yn boliticaidd. 'Roedd oes yr hen deuluoedd bonheddig, ceidwadol eu hagwedd ac eiddigeddus o'u pŵer, yn dirwyn i ben gan bwyll, a byd cenhedlaeth newydd o arweinwyr, Tom Ellis, Lloyd George ac O. M. Edwards, ar y gorwel. Pobl yn edrych i'r dyfodol oedd y rhain yn symbylu twf cenedlaethol, ffyniant a llwyddiant na welwyd mo'i fath er dyddiau'r Tuduriaid.

'Roedd cysylltiad amlwg a chlos rhwng yr ymwybyddiaeth genedlaethol yng Nghymru a thwf system addysg gyhoeddus. Fe ddilynwyd Deddf Foster gan y Ddeddf Addysg Ganolraddol (1889) ac fe agorwyd ysgolion canol ym mhob rhan o Gymru. 'Roedd y Brifysgol genedlaethol yn dechrau blodeuo, gyda cholegau o statws prifysgol yn Ne a Gogledd a Chanolbarth Cymru. Yn gysylltiedig â'r datblygiadau hyn oedd y ffaith fod gan Gymru fesur helaeth o ymreolaeth ym myd addysg. 'Roedd mwyafrif aelodau'r Bwrdd Canol Cymreig a sefydlwyd yn 1896 wedi bod yn aelodau awdurdodau addysg lleol. Arolygai'r Bwrdd faterion yn ymwneud â maes llafur ac arholiadau'r ysgolion, ac 'roedd ganddo ei Arolygwyr ei hun. Yn 1906, fe sefydlwyd Adran Gymreig y Bwrdd Addysg, ac yn ogystal â delio â materion gweinyddol 'roedd ganddi ei Harolygwyr ei hun mewn cysylltiad agos â'r ysgolion. Yr oedd hyn oll yn bwysig dros ben gan fod y maes llafur yn cynnwys dysgu hanes Cymru, ac yn ei sgîl, yn gwbl naturiol, daeth hanes Dewi Sant a'r diwylliant Cymreig yn gyffredinol.

Revolution. The North and South Wales coalfields saw rapid increases in population derived in part from the surrounding rural areas, but, more particularly, from the rest of Britain. The vast majority of the population of Wales became composed of immigrants who knew not David. Things were difficult in the first half of the century, and poverty and social squalor were rife. A distinct improvement set in following Foster's Education Act of 1870 which sought to provide an elementary education for all children. Not unrelated was the fact that in the 80s people were beginning to realise that a new world was breaking through both socially and politically. The age of the conservative-minded older families who belonged to the aristocracy and hitherto had monopolised the power, was slowly passing away and the world of a new generation of leaders, Tom Ellis, Lloyd George and O. M. Edwards, who were forward looking, was now emerging. Men of this type provided the spring-board for an age of national growth, drive and prosperity that was really unknown since the days of the Tudors.

There was clearly a close relationship between the new awareness of national identity in Wales and the growth of the public education system. The Foster Act was followed in 1889 by the passing of the Welsh Intermediate Education Act linked to the founding of publicly maintained secondary schools in every part of the Principality. In addition, the beginnings of a national University were becoming well established with the provision of three colleges of university status in Mid, North and South Wales. All these developments were closely allied to the fact that Wales had a large measure of independence in educational matters. The Central Welsh Board was established in 1896, made up largely of members who had served on local education authorities. This Board looked at matters relating to the school syllabus and examinations and had its own school Inspectorate. In 1906 a separate Welsh Department of the Board of Education was established and this not only dealt with administrative matters but again had its own Inspectorate which was in direct contact with the schools. All this was extremely important as the syllabus in both primary and especially secondary schools provided for the teaching of the history of Wales and with it, naturally, came the story of St.

Wrth weithredu'r polisi hwn 'roedd ysgolion Cymru yn ffodus iawn o gael yn Brif Arolygydd (a benodwyd gan Adran Gymreig newydd y Bwrdd Addysg yn 1907) (Syr) Owen M. Edwards, yn enedigol o'r Bala ond pan benodwyd ef yn athro coleg yn Rhydychen. Gallai O.M. ysbrydoli athrawon a phlant ac 'roedd ganddo ddawn ddihafal i gyfathrebu â phobl ifanc. Yn sgîl awgrymiadau a wnaed ganddo ef neu aelodau o'i staff fe ddechreuwyd dathlu Gŵyl Dewi yn holl ysgolion Cymru drwy gynnal diwrnod o wyliau a chael perfformiadau o ddramâu byrion yn portreadu bywyd Dewi Sant, ynghyd â chanu caneuon Cymraeg, cynnal eisteddfodau, areithiau ac adroddiadau, a the parti mawr i orffen. Byddai pawb, hen ac ifanc, yn gwisgo naill ai genhinen neu ddaffodil yn eu cotiau neu eu capiau a byddai'r byrddau yn llawn tuswau o flodau daffodil. Yn eu tro âi plant o'r ysgolion cynradd a chanol i'r colegau hyfforddi athrawon a'r Brifysgol yn fyfyrwyr peniog a dod ymhen amser yn arweinwyr adnabyddus yn y bywyd Cymreig, yn feirdd o fri, ysgolheigion, haneswyr, eisteddfodwyr, athrawon, gweinidogion yr efengyl ac offeiriaid o'r radd flaenaf.

Gwelwyd y cynnydd yma yn yr ymwybyddiaeth genedlaethol tua diwedd y bedwaredd ganrif ar bymtheg ymhlith yr oedolion yn ogystal â'r plant. Fe gododd nifer o gymdeithasau Cymraeg neu Gymmrodorion mewn llawer o drefi, o dan nawdd Dewi Sant. Fe ledodd y syniad i wledydd eraill lle'r oedd Cymry yn byw, naill ai mewn rhannau eraill o Brydain neu yng Ngogledd neu Dde America, Awstralia neu Seland Newydd. Uchafbwynt gweithgareddau'r tymor i'r holl gymdeithasau hyn oedd cinio flynyddol Gŵyl Dewi, a phob gwestai yn gwisgo daffodil a'r byrddau'n cael eu hulio â thoreth o'r blodau cenedlaethol yn union fel y gwnaed yn ysgolion y plant yng Nghymru. Wedi'r pryd bwyd, yn cynnwys weithiau fwydydd Cymreig traddodiadol, fe eisteddai'r gwahoddedigion i wrando ar areithiau hir yn clodfori Dewi a phopeth Cymreig (gan gynnwys campau'r chwaraewyr rygbi Cymreig — y sbort genedlaethol). Rhwng yr areithiau cenid alawon gwerin a mathau eraill o gerddoriaeth a ystyrid yn addas. Tra'r oedd y cymdeithasau hyn yn naturiol yn rhoi'r flaenoriaeth i ddathlu Gŵyl Dewi, 'roedd gan lawer ohonynt raglen ddiddorol o

David and Welsh culture generally. In the implementation of this policy the Welsh schools were particularly fortunate in having as Chief Inspector, appointed by the new Welsh Department of the Board of Education in 1907, (Sir) Owen M. Edwards — a native of Bala, but at the time of his appointment an Oxford don. 'O. M.', as he was known to all, had a strong personal appeal for staff and pupils alike and possessed a genius for communication with the young. Following suggestions made by him, or by members of his staff, St. David's Day was celebrated in all schools on the first of March not only as a full day's holiday but by the performance of a series of little plays dramatising scenes from the life of St. David, coupled with the singing of Welsh songs, eisteddfodau, speeches and long recitations, concluding usually with a mammoth tea party. Young and old alike wore a daffodil or a leek in their coats or in their caps and the tables would be laden with massive bunches of daffodils. It was these primary and secondary schools which in turn fed the Teacher Training Colleges and the University with able students who, later, became well-known leaders in Welsh life and included eminent poets, scholars, historians, eisteddfodwyr, teachers, ministers of religion and clergy of the highest rank.

This upsurge in national consciousness in the late nineteenth century expressed itself in the adult population as well as among the young. Local Welsh or Cymmrodorion Societies, carrying with them the patronage of St. David, grew up in many Welsh towns. The idea spread to other countries where Welsh people were found, whether in other parts of the British Isles or in North or South America, Australia or New Zealand. The highlight of the season for all these societies was the annual St. David's Day Dinner where the guests would all wear daffodils and the tables would be decked with a massive display of the national emblem just as the children had in school in Wales. After the meal, which sometimes included traditional Welsh dishes, the guests sat and listened to long speeches eulogising St. David and all things Welsh (including the prowess of Welsh players at rugby football which was looked upon as the national sport). The speeches were interspersed with the singing of Welsh folk songs and other appropriate music. While these modern societies naturally concentrated their attention on St.

ddarlithiau a gweithgareddau cymdeithasol, fynychaf yn Gymraeg.


Datblygiad diddorol yn y cyfnod hwn fel y gwelsom oedd i'r daffodil ennill y flaenoriaeth ar y genhinen fel arwydd cenedlaethol ar ddydd Gŵyl Dewi. Nid yw'n hawdd esbonio sut y bu hyn ond gellid cynnig bod y daffodil yn tyfu ymhobman yng Nghymru a'i fod yn un o'r blodau mwyaf a disgleiriaf a dyf adeg yr Ŵyl. At hyn, mae'n ddeniadol ac yn lled 'aristocrataidd' ymhlith blodau ac felly'n well arwyddlun, ym meddwl llawer o'r Cymry, o'r gymdeithas fwy ffyniannus yn y Gymru gyfoes na'r llysieuyn cegin iselradd a'i blaenorodd, arwyddlun amlwg cymdeithas werinol. Bu'r newid hwn yn un naturiol bron, ond weithiau fe anwybyddwyd y ffaith mai'r enw Cymraeg ar y daffodil yw Cenhinen Pedr. Mae hyn braidd yn eironig o gofio nad Pedr oedd sefydlydd yr Eglwys Geltaidd, ond yn hytrach mai ef a sefydlodd yr eglwys a wrthododd gydnabod Dewi tan ryw chwe chanrif ar ôl iddo farw; a hyd yn oed wedi hyn, fe fu cysylltiad Dewi â hi yn annerbyniol gan fwyafrif ei gydwladwyr wedi'r Diwygiad Protestannaidd.


Ni all fod unrhyw amheuaeth na ddaeth Dewi Sant i mewn i'w etifeddiaeth unwaith eto yn y brwdfrydedd mawr a enynwyd gan yr ysbryd cenedlaethol yng Nghymru yn niwedd y ganrif ddiwethaf a dechrau hon. Dyna pryd y gosodwyd sylfeini gorchestion mawr a oedd i ddilyn blynyddoedd y rhyfel yn negawdau cynnar y ganrif newydd. Gwelwyd sefydlu mudiad egnïol yr ieuenctid, 'Yr Urdd', ac adfywiad trawiadol yr iaith Gymraeg, yr iaith, yn ôl pob tystiolaeth ddilys, a oedd ar dafod Dewi Sant ei hun.

David's Day, many of them had, in addition, an interesting lecture and social programme, most often in Welsh.

An interesting development that took place during this period, as we have seen, was that the daffodil was gradually taking precedence over the leek as the national emblem on St. David's Day. It is not easy to explain why this change took place but it could be argued that the daffodil grew all over Wales and was one of the largest and brightest spring flowers that bloomed around St. David's Day. In addition, it seemed to possess an attractive and almost aristocratic appearance among flowers and was, in consequence, possibly more suited in the minds of many Welsh folk as a symbol of the increasingly prosperous and urbanised society in Wales at this time than the lowly kitchen vegetable that preceded it, which was clearly symbolic of a peasant society. The change-over seems to have taken place almost naturally but it has sometimes been overlooked that the Welsh name for the daffodil is Cenhinen Pedr (St. Peter's leek). This is somewhat ironic as St. Peter is the Founder Saint not of the Celtic Church but of the church that did not recognise David until some six hundred years after he died, and even then his association with it later became unacceptable to the overwhelming majority of his fellow countrymen in post-Reformation times.

There can, however, be no doubt that St. David had come once more into his own in the great enthusiasm which accompanied the new awareness of national identity in Wales in late Victorian and Edwardian times. It was in this period that there were laid down the foundations on which even greater achievements were to follow after the war years in the early decades of the new century. These included the establishment of a vigorous national youth movement and the spectacular resurgence of the native language — the language which all the evidence we now possess indicates that Dewi Sant himself must have spoken.

## LLYFRYDDIAETH FER: BRIEF BIBLIOGRAPHY

Baring-Gould, S. and Fisher, J.    *Lives of the British Saints*. St. David, Vol. II (1908)

Bowen, E. G.                       *The Settlements of the Celtic Saints in Wales* (Cardiff, 1956)

Bowen, E. G.                       *Saints, Seaways and Settlements in the Celtic Lands* (Cardiff, 1969)

Bowen, E.G.                        *The Saint David of History — Dewi Sant our patron Saint*. Address on occasion of 800th Anniversary of the Building of St. David's Cathedral 1181–1981 (Aberystwyth, 1982)

Bu'lock, J. D.                     '*Early Christian Memorial Formulae*', Archaeologia Cambrensis (1956)

Evans, D. Simon                    *Buched Dewi* (Cardiff, 1959)

James, D. W.                       *St. David's and Dewisland* (Cardiff, 1981)

Jones, Francis                     *The Holy Wells of Wales* (Cardiff, 1954)

Jones, G. Hartwell                 *Celtic Britain and the Pilgrim Movement* (Cymmrodorion Society, London, 1912)

Morgan, Kenneth O.                 *Rebirth of a Nation: Wales 1880–1980* (Oxford and Cardiff, 1981)

Thomas, Charles                    *Britain and Ireland in Early Christian Times A.D. 400–800* (Oxford, 1971)

Thomas, Charles                    *The Early Christian Archaeology of North Britain* (Oxford, 1971)

Wade-Evans, A. W.                  *Life of St. David* (S.P.C.K., London, 1923)